唐朝女人折騰史

不服輸、不將就、不認命，
那些勇敢做自己的
大唐奇女子！

煮酒君——著

推薦序

盛世的女人，女人的盛世

袁騰飛

相信很多人都曾在心裡浮想聯翩過——如果自己能穿越回古代，最想回去的是哪個朝代？如果有好事之徒能設計一個穿越古代排行榜，那麼把唐朝放在第一位，想必是反對聲音最少的。男士們定會癡迷於陽剛大氣的盛世豪情，女士們想必也定會對這個時代的開放寬容致以讚禮。

中國歷史是一部讓男人任性撒野了數千年的歷史。在華夏文明的歷史中，也只有唐初這一個世紀的時間裡，古代中國女人能有機會全面展現出自己在政治事務方面的天賦。在這個時期，女性參與社會生活各個方面的深度和廣度都是其他時期無可比擬的。大到國家政局政治經濟，小到生活方式文化時尚，文學、藝術、軍事、外交等方方面面都能見到女性的颯爽英姿。

在封建男權社會中，優秀女性的標準是順從和隱忍，而唐代的這些傑出女性身上，統統都看不見這種常規意義的「優秀」。反而是一些在封建道統中顯得無禮、悖逆、離經叛道、不合綱常的舉止和個性，讓她們在大唐宏偉的歷史上留下了女性的傳奇。

這本書寫的是關於十多位了不起的唐代女性的傳奇故事，折騰小史。她們不貪戀富貴，直面欲望敢做敢當；她們天賦異稟，才華橫溢，不屈於財利，不媚於權貴；她們心懷天下，剛毅果斷，善謀能馭，迎風弄潮，處變不驚。她們，不拘於常規，不甘於平庸，不屈於命運。用現代女權主義的視角來評論她們顯然過於簡單，她們身上所展現出來的品質，不僅僅是女權對男權的抗爭，而是一種人之為人的直覺和本能。這本書的寫作視角只是用一個普通現代人的眼光，對她們身上所展現出的獨立人格，堅強個性，以及卓越智慧叫好稱讚。就算穿越一千多年的時光，這些愛折騰的女人們，仍然能給我們的生活和抉擇帶來啟迪和力量。

折騰可以說是源於不願安於現狀，想於更高更遠處探尋出自身生命的價值、意義與理想。在某種程度上可以說中國史是一部男人的折騰史，而在這部折騰史中鮮有女性的身影，便是有，也都不過是隱匿在男性的光環之下，少有為這些女子們真正樹碑立傳的。

古代文獻中專門提及女性的著作屈指可數，而正史中對女性的記載更是筆墨寥寥。像這本書中所寫的唐太宗的嬪妃楊妃，我們翻遍二十四史，也只找得到七個字的記載。現代社會中雖然有很多專門系統研究唐代女性的著作，但是這些文字並沒有用真正內在的生命情感去關注和理解她們的痛苦、抉擇以及命運。而這一本書就是試圖用現代人的情感體驗去詮釋和解讀這一歷史群體命運和抉擇的小小嘗試。

在不同的研究者和講述者口中，歷史有可能呈現出不同的狀貌。而歷史的研究和解讀，對於歷史本身來說更是一種重構和演繹。相對於在歷史文獻和考古遺跡中去求證歷史的存在，我更喜歡在歷史的邏輯中，用人的情感和理智去與歷史本身對話。

《唐朝女人折騰史》這本書是我很欣賞的一位後輩煮酒君的處女作，這本書內容別致、頗具新意。這本書可以說是一本以現代眼光解讀唐代歷史人物的趣味歷史著作。也可以說是一本用古代歷史人物經歷，為現代人生活提供借鑑和主張的生活方法論。相信這些歷史人物一定會與讀者朋友們產生穿越兩千年時光的心理共鳴。

這本書不是一本專業的歷史著作，它是一本給年輕人讀的趣味歷史讀物。煮酒君也並不是一個歷史研究者，他是一位對歷史滿懷敬畏之心的青年。這本書表達了煮酒君的一些歷史見識，更為可貴的是，煮酒君想要通過這本書，讓更多年輕人能從電影、電視劇以及網路中走出來，回到真正讓人迷醉的歷史中去。

目次

輯一
紅袖舞朝堂

不折騰怎麼知道
自己做不到？

武則天

她這一輩子
唯一不成功的就是當母親

作為一個帝王，她覽盡世間勝景，不愧於社稷蒼生。然而作為一個女人，她這一輩子唯一不成功的就是當母親。這是她一輩子的痛苦，或許就是這種痛苦和愧疚促使她最後還帝位於李顯，也或許正是這種痛苦讓她一輩子都不喜歡長安。在每一年花落的寒秋，她也只能對著蒼天長嘆了。

歷史不用塗金嵌銀，就自然凝重厚實；歷史不用精雕細琢，就自然栩栩如生。歷史因為人物而飽滿鮮活，人物因為歷史而彌久流光。能讓我們有如此喟嘆之感的便是位於陝西梁山上乾陵陵前的「無字碑」和陵墓中的武則天。偌大一座陵寢讓武則天一人獨享，對於陵寢來說，未免閒置過剩造成土地資源浪費；對於武則天女皇而言，未免太孤獨了以致倍感淒涼寂寞。生不能同朝共輦，死也要同穴共寢，否則會給歷史留下說不清道不明的遺恨。那麼這個死後能解武則天寂寞相思之苦，且與其一起合葬的人是誰呢？他就是唐太宗的兒子李治，那麼他們生前剪不斷理還亂，死後也糾纏不清的故事究竟是怎麼發生？這個令人驚訝失笑與盪氣迴腸的故事，要從武則天的第一個男人，即她的第二個男人的父親唐太宗說起。

唐太宗宣召武則天入宮時，她才十四歲，進宮後也不過是五品才人。在宮中的流光歲月，若說長簡直度日如年；若說短也算稍縱即逝。因此，她這個才人一做就是十二年，似乎很難熬卻也過去了，但她的地位始終沒有提高，可能是並未得到唐太宗的寵愛吧。武則天入宮之前，是這樣向寡居的母親楊氏告別的：「侍奉的聖明天子，豈知非福？為何還要哭哭啼啼、作兒女之態呢？」這番話也只是說說。可誰能料到她失寵在前，唐太宗去世在後，接著迎接她的命運竟是感業寺。進入感業寺後人走茶涼，每日青燈孤影，想來唐太宗去世的時候她正值青春年華，而在此時卻被逼進感業寺裡。她能不委屈嗎？她希望有個依靠，明明從小就是聰慧過人的女子，卻委身在這樣的寺廟裡一輩子，倒有一種忠誠賢良之人報國無門的心情。雖然本質不同，但是心情卻是一樣的。

她曾經感慨道：「無奈活殉感業寺，黃卷青燈苦為尼。長安冷月苦為眠，零落霜菊充腹肌。」唉，其實跟她一起進入感業寺的也有其他妃嬪啊，這些話也是當時進入寺內為尼的妃嬪的縮影，更是古代那些婦女的縮影。能發出如此感慨，說明她內心也在渴望愛，這與她後來不擇手段登上帝位無關。她即使再要強，也總是希望有關心、有依靠。此時此刻，她的腦海裡似乎浮想起了一個人，那就是唐高宗李治，這個男人是她未來命運轉折的關鍵點。也正是因為李治，她才能夠逃脫本來的命運。否則，她的花樣年華和品貌姿容就將被歷史消弭和遺忘。

從踏出感業寺後，武則天所獲的殊榮就賽過王皇后和蕭淑妃。按照古往那些記載，為了能夠得到權勢，能夠實現垂簾聽政、剷除異己。王皇后和蕭淑妃先後成為她登上帝王的踏腳石。對，沒錯，一個人要爬得更高對武則天而言那就是殺戮。試想當初她也是以才人身分進宮的，當時的皇帝是唐太宗。按照常理，她就是太宗的女人了。可是我們這位可愛的女人卻偏偏不安分，自己好歹也很年輕，很難與這樣老爺爺級別的男子產生感情。她慢慢地將眼睛瞄向別處，開始物色其他人選，這個人不需要年齡太接近，只要不是爺爺輩就好。這個人最好要有權勢，並且她的下半生要有保障，彼此之間還能有點感情基礎和碰撞。這個人就是唐高宗，他的年齡比武則天小四五歲，這在武則天的眼裡當然是個機遇。然而偏偏他卻是唐太宗的兒子。在中國倫理文化的大背景下，兒子跟父親的女人在一起就是一種亂倫的表現，這總要被人說三道四的，名聲也會日漸不堪。她能超越倫理文化走到這一步，也算是挺有勇氣。如果說她確實喜歡李治的話，那麼這份追求愛情的勇氣也真是巨大，只可惜在倫理綱常上他們是為時代所不容，就算拿到今天也是不被允許的。她為此身在感業寺裡忍氣吞聲，高宗遇見她舊情復燃，也是一年後的事情了。

那麼，李治是什麼時候跟她有瓜葛的呢？猶記得當初她馴服獅子驄的果敢瀟灑與志氣，但在唐太宗病重期間，武則天和太子李治才建立感情。她要賭一把，她的未來可不能就這樣被湮沒，那跟判她死刑沒什麼兩樣。這樣的話，根本不用把她弄進感業寺裡，還不如白綾賜死。可她現在活著，接受了現實後，就必須要好好活下去。遙想當初進宮，武則天成為才人，不管是自願還是不自願，我想嫁給一個老頭子，總不是一個少女的夢想，但是為了家族，她也只能忍氣吞聲。好不容易在宮裡遇到跟自己差不多年紀的男子，她怎麼甘願讓自己的花樣年華隨著皇帝的去世而結束？她不甘心，明明人生還有那麼長，卻要在此終結掉青春嗎？如果那樣的話，那麼一開始她大概死也不要進宮，即使下嫁給一個世家子弟，或許是更好的選擇。憑她的性子、能力和手段，就算對方再霸道，我們也有理由相信，她不會吃虧。她不打算將一生都耗盡在這些油燈面前，若是這樣，自己的價值又在哪裡？年華老去，容顏易逝。如果甘於沉淪在這樣的環境下，現世的悲苦她將難以承受。她還那麼年輕，明明還很美，明明那張臉還有勾人魂魄的資本，她不想待在這裡。不過她是女人，而且是唐代的女人，唐朝就算富強，卻也還是封建，一個女人，不管性子有多麼好強，手段有多麼霸道，她從一開始，就必須要有一個男人來依靠，來上位。不然的話，哪裡會有明天？

很多人也許會問：歷史上的武媚娘真的對唐高宗李治動過情嗎？這個問題答案很

模糊，畢竟人的感情和思想是最無法摸索的。李治執政期間，頭痛症狀比較嚴重，身體狀態每況愈下。為了不讓他因操勞國事而變得更加虛弱，武則天不得已接手自己丈夫生病期間遺留下來的許多朝綱大事，手裡的權力也因此愈來愈大。不過儘管如此，除了一次勸皇帝不要御駕親征外，她從未真正干預過政事。雖然武則天在當時很冷漠殘暴，但是對高宗的感情倒是有的。就像在平日百姓家裡，丈夫若生病，妻子也會幫忙打理事業。這也算是她百煉鋼化繞指柔的一面。至於這份感情厚不厚實，那就無可考究了，除非是穿越到盛唐刺探一下狀況。

只可惜我們既沒有月光寶盒也沒有穿越的本領，那盛唐時期的男人和女人的點點滴滴根本就無從詳細得知，何況還是一個男皇帝和一個女皇帝那些年的那些事。無論是歷史給她機遇還是天上掉餡餅，無論是歷史的順理成章和特意眷顧，還是她出類拔萃或用心圖謀，我們只能聽從歷史安排，遵從事件的變化發展。不過可想而知，在中國的文化傳統裡，女人的地位本來就低，如果還想覬覦皇位肯定會遭到大臣們的反對。褚遂良把自己的頭磕破了，但照樣沒用。要知道，有些女人如果從一開始就堅持要做一件事情，其他人再怎麼阻撓也沒用，尤其對於看起來是柔弱女兒身，其實卻不甘居於人下的武則天而言。她到底還是做到了，且是踩著兒女的血淚登上后位，最終又登上自己的帝位。

這女人背地裡肯定也會耍點手段，李治也不是白癡，雖說在偌大的唐朝，他算不上是個很優秀的皇帝，但也會想到這些。對於她剷除異己，怕是從這個時候就已經開始默許，雖然口頭上並沒說什麼，但在實際中卻給予了她專寵的權力。因為李治本身是出名的柔弱之人。當初唐太宗考慮到他這個性子，故而到了晚年還東征西討，打高麗、薛延陀，就是為了清除這些可能會給兒子找麻煩的強鄰。李治也正是因為此種性格而遇到了武則天，他愛她，因為他本身是很感性柔弱的人，而她曾經也是一個溫柔似水的女人，後來當他們在感業寺再次相遇的時候更是一發不可收拾了。李治為了讓她登上后位頗費了一番工夫，畢竟要讓她做皇后很難。先前伺候自己老爹，現在卻變成自己的女人。從感業寺來到宮裡已經非常不易，立她為后更讓不少大臣反對。在唐高宗十分為難的情況下，開國大臣李勣為高宗出了一個主意，他說皇后的廢立是皇家的私事，沒有必要和大臣們商量。

歷史證明了我們這位可愛女皇的選擇是正確的，也證明了歷史選擇她是對的。宮闈之中，女子大多明爭暗鬥。但很多時候，並不是處於自願，就像我們這位武則天大帝，若她是平常人家的女兒又會怎樣？若她當初沒有進宮又會怎樣？以她的性子也許是巾幗不讓鬚眉，很多地方都不會輸給男子。但是那又能如何呢？封建社會裡，男尊女卑，作為普通女子，縱然有再多的才能，也不能實現自己的抱負和理想。對武則天而言，可以說登上后位是實現她野心和抱負的基礎，至於登上帝位更可以做一般女子不敢做的事情。

眾所周知，在古代的唐朝，長安和洛陽是比較繁華的。女皇八十二歲去世，在她這輩子，卻有三十年待在洛陽，可見武則天對洛陽這個城市鍾情的程度了。都說女流之輩不如男，但是從她做了女皇之後，洛陽居然形成空前的繁盛。據《唐書》記載，武則天於西元六八四年九月改嗣聖元年為光宅元年，並且「改東都為神都，宮名太初」。單從「神都」兩個字就能聽出她對洛陽的重視，洛陽這個地方是女皇很鍾愛的城市，後來更是留下很多讓人驚嘆的遺跡建築。如果說女流之輩只是女流之輩的話，她卻讓整個大唐國力強盛，讓吐蕃、契丹聞之色變。同時，唐朝的文化也是空前的繁盛，尤其詩詞歌賦更在此時得到飛速發展，「初唐四傑」出現，各種音樂藝術、詩詞文化急速成長，在民間形成一種勃然向上的生機。

高宗去世之後，女皇還活了二十幾年，但是一點也不安分，畢竟丈夫去世了，偌大的江山她要守著，那她必須得排解孤寂。於是，男寵一個個出現了！薛懷義、張易之、張昌宗算是比較出名的。雖看似荒唐，但也反映了一個事實，沒有丈夫的宮殿裡，她一個女子是冷清的，且這些男寵對她的統治能力和後世評價的確是有影響，他們當中因為越矩而最終落了個悲慘下場的可是不少，其中薛懷義就是一個痞子，尤其仰仗女皇的寵幸而為非作歹。此人油腔滑調、善於欺騙，而且運氣出奇得好，有兩次女皇派他去打仗，結果都沒遇見敵軍，那當然算是他得勝了——狗屎運上天，不服氣不行。突厥人不在，那就不打吧，回去跟女皇說那些人見到自己都嚇得屁滾尿流，她也肯定是相信的。

結果薛懷義班師回朝還真說了類似的話，女皇被他哄得一愣一愣。但武則天畢竟是經歷過風霜雨雪的人，這點把戲她不可能一點都沒有識破，也不可能一點風聲都沒聽到。只不過是想要讓自己的小情人過得舒服點，可以讓他得到一個為官的名分而睜一隻眼閉一隻眼罷了。他與女皇談情說愛談得甚為歡樂，床笫之歡不知道又有多麼開心，加上朝廷之上的那些「功績」，這一切都使得他變得更加得意洋洋了。

但是人沒有長久的安逸，不懂得見好就收之人遲早會被女皇整死的。深宮內院，女皇一人之外，大多也只是女人和太監，若是沒有一個人排解寂寞，那她豈不是太委屈？然而，薛懷義錯就錯在以為自己是一顆金子，其實連草包都不如，他不明白女皇豢養男寵的性質，或者說他不懂女皇豢養男寵的心思。其實，不過是一個人太久了，因為年紀大了一點想要身邊有人陪著罷了。女皇已是六十幾歲的老太太，一個人操持整個國家，若是沒有一個跟她說說心事的人，難免會抑鬱煩躁，甚至會發脾氣。而歷史上的武則天也因其離經叛道的脾氣幹過不少讓人驚呆的事情，此後武家的後人其實也大多如此，女人喜歡豢養男寵且手段非常。在那個特殊時期，唐朝女性用生活上的狂歡去向男權的統治提出控訴和抗爭，然而除了少數傑出女性之外，絕大多數只不過在享受狂歡，而忽視了狂歡之後的控訴。這也是在武則天之後，唐朝甚至整個中國歷史對女性更加嚴苛壓迫和控制的原因所在。

後來，女皇喜歡上自己身邊的沈御醫以及其他男寵。只是這些人都沒有好下場，神龍之變後，驕橫跋扈的二張也被誅殺。其實這兩個人在代理女皇處理朝政的時候就可結交一些大臣，怎奈太過驕橫，總以為有女皇在，他倆就是天，他們最不明智的地方就是不善於利用優勢來經營自己，最終落了個在神都天津橋南邊梟首示眾的下場。男寵最終還是要死，有女皇撐腰又如何？女皇也有老的一天，後起之秀多的是。縱然女皇再過冷冽，曾經她也是一個溫柔似水的女子，進入宮中，怕是被環境所逼迫而不得不求自保而傷害王皇后、弄死蕭淑妃。這樣一步步走來實屬不易，就算曾經一番英雄豪邁地創造出萬象更新的大唐盛世，而讓自己榮光萬千，但她到底總有些柔弱的心思。這種柔弱卻不是單純的懦弱，它就像一株鏗鏘的玫瑰那般綻放著，即便凋零，也還是如此紅豔。

武則天八十二歲去世，見證了很多風風雨雨。縱觀唐朝前前後後，許多意欲效法她的人最終都失敗了，就因沒有她那種氣魄和謀略。眾多兒女中，也就太平公主跟她最像。武則天這一生是現代很多女人都夢想的生活，但同時她也是令男人十分敬畏的女子。這樣的人放到今天也必定會闖出不俗的成績，資訊時代高速發展的現今或許已經比唐朝盛世更加開放，愈來愈多女子明白了靠自己就是女王的道理，然而歷史所給予我們的那個武則天，也同樣永遠地活在我們的史冊裡。她或許殘暴，或許不完美，或許被說得十分淫亂，但也夠深情，總之一千人的嘴有一千種說法，歷史並不是完全正確的。昨天的事情，又有幾人能說清呢？但倘若你喜歡這樣一個人，不管什麼樣的評價你還是會喜歡。大唐歌飛，霓裳舞起，總有一段驚豔綺麗的傳說在你面前慢慢呈現。不管她是柔弱抑或堅強，不管她在人們眼裡是攝人心魄，還是讓人上癮，她總是不朽。但願，那些流傳的無字碑歌傳奇能夠愈來愈精采。

其實大部分去感嘆這段歷史的人只看到女皇的殘暴和冷血，但是往往很少有人能同情她的痛苦和孤獨。權力的爭鬥，無時無刻不充滿著血影刀光，父子反目，手足相殘的事情在政治鬥爭中簡直就是家常便飯。在封建時代，作為一個統治者，殺伐果斷是帝王之威，是整肅朝綱的必要手段。從女人的角度來看，武則天一生事事成功，處處精采。年輕時，她成功地完成人生逆轉，戰勝命運，戰勝六宮佳麗，從落難女尼搖身一變成為帝國的皇后。中年時，她堪稱是一代名后，內能主理六宮，外能框定朝綱，她的才能、德行和氣度絕對不輸史上任何一位傑出的皇后。晚年時，她開天闢地成就帝王偉業，為政大氣剛毅，治人親和果斷。

作為一個帝王，她覽盡世間勝景，不愧於社稷蒼生。然而作為一個女人，她這一輩子唯一不成功的就是當母親。這是她一輩子的痛苦，或許就是這種痛苦和愧疚促使她最後還帝位於李顯，也或許正是這種痛苦讓她一輩子都不喜歡長安，在每一年花落的寒秋，她也只能對著蒼天長嘆了。

上官婉兒

不折騰
怎麼知道自己做不到？

她最恨的應該是給她的家族帶來滅頂之災的那個女人，而她內心卻不得不承認，這一輩子最崇拜的就是自己的殺父仇人。

她是名家之後，卻淪為戴罪之身，尚在襁褓之中時，命運就以不容抗拒的姿態給了她沉重一擊。從養尊處優的貴族小姐到洗衣掃地的卑賤下人，她面臨的是無盡的心理落差與看不到前路的慘澹人生。也許是骨子裡自帶的倔強與聰穎，也許是惡劣的環境促成的隱忍與謀算，讓她在這個人人如履薄冰的皇宮中生存了下來，並一步步成了能夠左右時代命運的傳奇人物。她是上官婉兒，是才華橫溢的詩人，也是心智過人的政客，更是一個絕不向命運低頭的女人。

相傳，上官婉兒還未出生之時，她的母親鄭氏做了一個夢，解夢人告訴她，她腹中的這個胎兒有「稱量天下士」之能，將來必成大器。鄭氏欣喜非常，只盼著孩子平安落地，有朝一日光宗耀祖。可令她沒想到的是，這個凝聚了她無限期望的孩子竟然是個女兒身。鄭氏不由對夢中的預言產生了懷疑，她甚至對著襁褓之中的嬰兒詢問道：「你是不是真的有那經國之才啊，孩子？」鄭氏的失望與懷疑背後是整個男權時代的縮影，一介女流之輩難道真能「稱量天下士」嗎？所幸，上官婉兒並非尋常女子，她的聰明才智與隱忍權謀讓她一次次化險為夷，竟印證了鄭氏的夢中預言。

上官婉兒家世顯赫，她是西漢上官桀、上官安、上官期祖孫三代的後裔，祖父上官儀是唐高宗時的宰相。只可惜她時運不濟，一出生就面臨家境劇變。上官婉兒出生之時，武則天雖還沒有登基為皇，但她手握大權，掌管朝廷大小事宜。唐高宗李治性情軟弱，又沒有經世之才，處處被武后壓制。這引發了朝廷中有志之士的不滿：皇后臨朝稱制，成何體統？於是，這些忠於皇室的朝臣們密謀對付武則天，幫助皇帝重整朝綱，上官婉兒的祖父上官儀就是其中一位。遺憾的是，他們的計畫還未實施就被武后扼殺在搖籃之中。西元六六四年，即麟德元年，上官儀等人的密謀傳到了武則天耳中，武后怒不可遏，下令嚴懲這些不知本分的官員們。武后的怒火不斷蔓延，雖然上官儀並非這次計畫的核心人物，但由於「廢除武后」的詔書出自他手，武則天便下令將其殺害。祖父被殺，整個家族受到牽連，上官婉兒一出生就與其母鄭氏一同被貶到了掖庭為奴。

掖庭，也稱掖庭宮，是富麗皇宮之中灰暗的一角。這裡居住著宮女和犯罪官僚們的婦女家屬，她們往往是被貶到此地，從此告別自由身，淪為低下的奴婢。可以想見，向來養尊處優的鄭氏在面對如此場景時，內心是怎樣的煎熬。這時，她懷中的上官婉兒成了唯一的希望。她又想起那個「稱量天下士」的預言，無論是真是假，她都要努力一次。於是，鄭氏不再自怨自艾，她開始利用宮中一切資源，對上官婉兒悉心教導，為其將來在政治與文學上的成就打下了堅實的基礎。

鄭氏與上官婉兒就在宮中沒沒無名地度過十餘年。入宮時尚在襁褓之中的上官婉兒，此刻已經出落成一個美麗動人的少女。出眾的外貌加上超群的才華為她贏來許多關注，這卻讓她愈發迷茫了。她不甘心被困在宮牆之中，只能幹一些無法施展才能的雜活兒，她嚮往宮外，更嚮往成功。但整整十四年過去，她與母親的境遇沒有絲毫改善，她們只能吞下苦水，等待一個機會。也許，這個機會很快就會到來，再次徹底改變她們的生活；也許，這個機會永遠、永遠都不會降臨在她們身上。

或許，是母女倆的誠心感動了上天，很快機會就來了！就在上官婉兒十四歲的某一日，武則天聽聞了這個才能出眾的女孩兒。作為那個時代鮮有的女性政治家，她對出色的女人總是另眼相看。武則天決定親自出題考考上官婉兒，倘若她的才華真如傳說中所言，那必委以重任，不使其埋沒。很快，武后就召見了上官婉兒，並當場出題讓她作答。上官婉兒果然如傳言所說，文不加點，須臾而成，且行文流暢，辭藻華美。武則天看著眼前這相貌出眾、才華橫溢的女孩兒，很是驚喜，當即決定免去她奴婢身分，讓她掌管宮中詔命。

西元六九〇年，已是花甲之年的武則天廢除了李治，成了歷史上第一位女皇。武則天十分倚重上官婉兒，將大量詔書的撰寫工作交付給她，小到官員升遷，大到軍國要務，這些詔書都出自她手。她也因此被朝臣稱為「內舍人」，風光無限。但是上官婉兒並不知足，她深知自己只是武帝手中的木偶，因她而生，因她而亡，她不甘心只做一個「抄書人」。終於，年輕氣盛的上官婉兒犯下了死罪，武則天憐惜她的才華，讓她免於一死，但死罪可免，活罪難逃。上官婉兒被處以「黥面」之刑，即在臉上刻字，然後塗上墨炭，永世不得去除。上官婉兒驚懼交加，無力違抗。行刑之後，她十分心疼自己的容貌，遂靈機一動，用金銀箔製成梅花貼在面額，不僅擋住了刺字，還平添幾分嫵媚。這就是「梅花妝」的來由。

關於上官婉兒究竟犯下了什麼死罪，歷史上沒有明確記載。但民間猜測，上官婉兒不滿被武則天操縱，私自竄改詔書，惹怒了武則天。關於「梅花妝」的來由，歷史上也有許多不同說法。《控鶴監秘記》中的記載充滿了傳奇色彩：武則天視上官婉兒為心腹，即使是與男寵張昌宗纏綿床榻也不避忌她，上官婉兒春心暗許，背著武則天與張昌宗私通，武則天發現之後，龍顏大怒，一刀砍傷了她的臉，張昌宗一再求情，武則天才赦免了她的死罪。為了掩飾刀痕，上官婉兒發明了「梅花妝」。除此之外，還有人傳說，上官婉兒是不滿張昌宗等男寵的調戲，怒而關閉了象徵皇權明堂的通道，武則天下令在其臉上刺「忤旨」二字，以示懲戒，上官婉兒不得已才以梅花遮蓋。這些人們流傳下來的故事並不十分可信，但可見民間對這位傳奇女子也是充滿好奇與想像的。

死裡逃生的上官婉兒深知自己無力與武則天抗衡，只得暫時放下那些不切實際的幻想，一心侍奉武則天，事事恭順奉承。武則天以為這個心氣頗高的才女已經被自己徹底收服了，於是對她更加信任，開始讓她處理百司奏表，甚至讓她參與到政務中來。上官婉兒的勢力更勝從前。一開始，武則天看中的是上官婉兒的文采，命她掌管宮中制誥，後來，武則天讚賞她的忠心，視她為心腹。在一步步的謹慎權謀中，上官婉兒的羽翼逐漸豐滿，權勢之大甚至被稱為「巾幗宰相」。

然而，武則天的皇權只是曇花一現。西元七〇五年，太子李顯與宰相張柬之等大臣聯合發動兵變，武則天被迫退位，唐中宗李顯繼位，史稱「神龍政變」。為擺脫武則天的控制，上官婉兒也在這場政變中出了一份力，並因此深得李顯信任。李顯垂憐上官婉兒的姿色，又欣賞她的才智，不僅封她為昭容，封她的母親為沛國夫人，還讓她繼續掌管起草詔令的事宜。然而，李顯沒有想到，這個女人並不會就此滿足。

出身的顯赫與成長的貧賤帶來強烈落差，在上官婉兒心裡烙下極大的不安全感，她只相信自己，相信權力。她對權力近乎瘋狂的欲望使她不可能安分地做一個嬪妃，更不可能依附於一個男人而存在。但她清楚知道，自己是不能效法武則天成為女皇的。她雖然出身名門，但早已淪為罪人之後，她的身後沒有任何宗親的支持；雖然多年來籠絡不少朝臣，但在那個男權時代，沒有任何非親非故的人會支持一個妃嬪稱帝。不僅如此，一旦她表現出這樣的傾向，她手中的勢力立刻會土崩瓦解。於是，上官婉兒只能抑制內心強烈的欲望，將目光轉向了韋皇后。韋皇后是皇帝的結髮妻子，身後還有盤綜錯雜的宗親勢力作為支撐，扶持她為皇帝要比自己親身上陣更可行，也更安全。於是，上官婉兒一再向韋皇后與其女兒安樂公主示好。對於上官婉兒的意圖，韋皇后心知肚明，但她不動聲色，只是向唐中宗提出了一系列請求，其中包括：規定全國百姓為被父親休棄的母親服喪三年、百姓二十三歲才能成丁、五十九歲免除勞役等。那些規定最終都被皇帝批准實行了。這正是韋皇后的高明之處。她通過改易制度獲得了百姓的擁戴，一步步為自己將來登上皇位鋪路。

上官婉兒也在極力輔佐韋皇后。她首先謀畫的，就是打壓張柬之等朝廷中的元老。她利用皇帝對自己的信任，向他舉薦了武三思，並與韋皇后合力誘使皇帝將武三思委以重任。皇帝愈來愈依賴武三思，而冷落了張柬之等朝官。韋皇后趁張柬之等人不備，對其進行捧殺。她先讓皇帝封張柬之等五位朝廷元老為王，然後架空他們的權力，最後設計殺害他們。於是，韋皇后與上官婉兒掃除了朝廷中最大的阻礙，從此更加肆無忌憚。上官婉兒為韋皇后做的第二件事，就是廢除太子李重俊。李重俊並非韋皇后親生，韋皇后對其早有忌憚。上官婉兒一直在尋找機會削減太子的勢力。武三思在成為皇帝親信後，來往宮中頗為頻繁，一來二往間，他與上官婉兒暗通款曲，關係更加親密起來。於是，上官婉兒不斷扶植武氏一族，一方面維繫自己與武氏一脈的關係，另一方面可以藉此抑制皇族宗室的勢力。太子李重俊將他們這些齷齪勾當看在眼裡，一忍再忍，但韋皇后與上官婉兒一再逼迫，讓他不得不在隱忍中爆發。西元七〇七年，太子率領左羽林大將軍等三百人，誅殺了武三思、武崇訓等武氏一族十餘人。上官婉兒聽聞大驚，趕緊逃到唐中宗與韋皇后跟前。她對皇帝說，太子這是造反，他要先殺了武氏一族，然後逼迫皇帝讓位。唐中宗沒有對眼前慌張失措的上官婉兒產生絲毫懷疑，他勃然大怒，立刻帶著上官婉兒和安樂公主等人登上玄武門，下令讓大將劉景仁帶上二千餘人圍剿李重俊。李重俊寡不敵眾，含冤戰死。至此，上官婉兒為韋皇后掃除了第二個心腹大患。

在為韋皇后掃除兩大障礙之後，上官婉兒開始施展自己另一方面的抱負——文學。早在掖庭為奴之時，她就展現了詩詞方面的天賦；而在宮裡多年的薰陶與磨練更是讓她功力大增。她曾寫下「書中無別意，惟悵久離居」的抒懷佳作，也曾藉「借問桃將李，相亂欲何如」展現自己的恢宏氣度。後世對她的文筆有著很高的評價，張鷟稱其為：「博涉經史，精研文筆，班婕妤、左嬪無以加。」呂溫更讚其：「漢家婕妤唐昭容，工詩能賦千載同。自言才藝是天真，不服丈夫勝婦人。」上官婉兒不僅自己寫詩，更力圖讓文學之風盛行於天下。她不但勸說皇帝大量設置昭文館學士，廣召當朝詞學之臣，還主持了許多文學上的盛大活動，品評天下詩文。一時間，作詩成了大臣們的風尚。《景龍文館記》中就記載道：「至幽求英俊，郁興辭藻，國有好文之士，朝無不學之臣，二十年間，野無遺逸，此其力也。」上官婉兒在文學上的個人造詣尚且不論，她在擴大書館、增設學士方面做出的努力，就足以讓她在眾星雲集的唐朝文壇占據一席之地了。

雖然上官婉兒在唐中宗和韋皇后的手下，把持朝政、榮寵極盛，皇帝甚至為她的祖父上官儀平反，追封其為中書令。但對上官婉兒而言，唐中宗不可靠，韋皇后更不可靠。她四次上疏，反對皇帝立安樂公主為皇太女，甚至不惜以死相逼，但皇帝始終沒有給她想要的答案。

西元七一〇年，沒有在韋皇后這裡實現抱負的上官婉兒轉而投奔太平公主。不久，唐中宗暴卒，韋皇后獨攬大權、意圖奪位。上官婉兒與太平公主緊急之下，以先皇之名草擬了一份遺詔，試圖將李重茂推上皇位，讓相王李旦輔佐，並尊韋皇后為皇太后，讓她垂簾聽政，以此達到權力的平衡。但上官婉兒沒有想到，宗楚客等人私自修改了遺詔，並極力鼓動韋皇后稱帝，成為第二個女皇。這時，消息傳到了李隆基耳中，他與太平公主等人商議後決定，先發制人。於是，唐隆之變發生了。李隆基率領官兵直搗皇宮，殺死了韋皇后與安樂公主，將韋香兒一系清洗一空。然後，李隆基擁立其父李旦為帝。曾是韋皇后心腹的上官婉兒深感不安，趕緊到宮門口迎接李隆基，並將她與太平公主的遺詔交給劉幽求，企圖撇清自己與韋皇后的關係。但這已經無濟於事了。

最終，上官婉兒死於政變之中。所幸，她在次年就被平反，恢復了昭容的稱號。在〈起復上官氏為婕妤制〉中，她被譽為「賢明之業，經濟之才，素風逾邁，清輝益遠。」這十六個字的評價在中國歷史中已經是非常了不起，此段文字給予一個女人以政治人物的評價，而不是作為某某的女人、某某的夫人。不是所有名門之後都會有的非凡一生，何況這個「名門」只不過是給她帶來災禍的一個稱謂。然而，她最恨的應該是為家族帶來滅頂之災的那個女人，但她內心卻不得不承認，這一輩子最崇拜的也正是自己的殺父仇人。正是這位仇人成了自己的導師、君父和英雄。正是這位仇人導師，教會她人的一生該如何度過，也讓她成了中國歷史上的傳奇女子。

從名家之後到階下女囚，從巾幗宰相到後宮嬪妃，上官婉兒的一生風雲變幻，充滿了傳奇色彩。作為一個女人，她相貌動人，身姿出眾；作為一個文人，她文風清雅，細膩脫俗；而作為一個政客，她野心勃勃，不擇手段。終其一生，她為自己的欲望所驅使，不曾真正向任何人低頭。無論後人評價如何，她都是那個時代裡一位忠於內心、敢於爭取的傳奇女性。

韋皇后

假如我沒有嫁給這個窩囊的男人

假如我沒有嫁給這個窩囊的男人，我會是一個幸福的女人。不管是在家相夫教子，還是在朝母儀天下。

哪一個女孩沒有懵懂的青春時光？哪一個女孩沒有對愛、對永恆有過天真的幻想？而當女孩長大之後，可能等到一個渣男，可能等到冰冷的現實，抑或者是難以捉摸的命運，把你從沉溺的夢中一巴掌拍醒。對於唐代女人來說，她們也會夢想著一切與現代女孩別無二致的美好，只不過她們醒來的時間比我們更早一點而已。其實愈是在「醒來」之後，對生活報以更多冷眼的女人，心裡對幸福的渴望絕對比其他人更強烈，只不過她們從此愈發害怕相信美好，並開始學會用堅硬的外殼保護自己罷了。

我們看待歷史人物，總會從歷史的結果去尋找對這個人下定論的依據，然而卻很少從她們的成長和命運角度，進一步同情和理解此人的悲喜成敗。韋皇后是唐朝最接近武則天的女人，而且只差一步，她就能成為中國歷史上第二個女皇帝。如果她能順利當上女皇，說不定中國歷史會被她大大改寫。她的上位是命運對其半生苦難堅守的回報，而她的失敗則是對她壓抑靈魂的救贖，以及悲劇命運的輓歌。

韋皇后的出生年月和真實姓名不詳，想必這是後世史官的傑作。不過，在野史上她還有個小名，叫「韋香兒」。韋皇后是玄宗的敵人，是「淫蒸於朝，弒帝亂政」的「妖女」，中宗生前對她的所有寵幸，都伴隨著新皇上台被名正言順地抹殺。據史料記載，韋香兒父親只是一個七品官，在長安也只能算得上一個普通的殷實之家。韋香兒「碧玉之年」時，雖然也出落得玲瓏剔透，精緻入微，卻是聲名不顯，尚待字閨中，除了父母之外，再無他人憐惜。這裡要提一句，古人所說的碧玉之年，就是女子十六歲。十六歲還無人問津，在現代還是很正常的事情，但是這一套在古代可是行不通的，特別是在風氣開放到甚至有些放蕩的唐朝，十六歲還未出閣，堪稱「剩女」無誤。

其實按韋香兒的姿色，想找個人家是輕而易舉的事情。可是苦於自己家室平凡，一直到十六歲還落得個高不成低不就的局面。韋香兒本人心裡是非常著急的，但是心比天高的她怎麼也看不上與自己門當戶對的小戶人家。在她心裡，自己要麼就嫁給一個貌若潘安的大帥哥，要麼就嫁給一個名門望族的公子哥，反正她不想嫁給一個像父親這樣規規矩矩、不高不低的平凡人。因此韋香兒總是做著自己的美夢，等待自己的王子駕著七彩祥雲來娶她。

韋香兒除了心比天高之外，還有一個異於常人的地方。相傳她從小身懷體香，而且香氣怡人，十分招人喜愛。關於她的體香，民間還有個很有意思的傳說。聽聞韋香兒生下來之後，並沒有什麼過人之處，而且相貌平平。因此成長過程中她常常對著銅鏡自怨自艾。某天，一個雲遊道士見著了她，彷彿如見故舊，道士在跟韋香兒暢談一番之後，送了一烈藥方給她，並如此說道：「姑娘日後必將大富大貴，現在雖然還是落魄，卻不必為此而傷神，亦不須妄自菲薄。我這個藥方，比之靈丹妙藥，更有奇效，姑娘只要照方服用，當會收獲奇效，進而夢想成真。」

韋香兒按照道士所給的祕方配藥服用，不到半年，身上就發生了驚人變化，不僅相貌變得美麗無比，更為奇異的是她身上竟散發出一股淡淡異香，飄得老遠，甚至「十步可聞」。就連父親韋玄貞外出歸來，看到自己女兒的變化，都差一點沒認出來。當然，這個橋段只是戲說，但是韋香兒十六歲未嫁這件事，倒似乎確有其事。然而，最好的生活，只會留給那些對人生不輕易屈服、不委屈將就的人。韋香兒的自矜和等待，最終得到了回報。

這一年春夏之間，韋香兒正在自家院落與丫鬟們玩耍嬉鬧，享受著屬於花季少女的快樂時光。正當她和丫鬟玩得興起，突然一名衣飾華麗的青年帶著侍從闖進後院。青年一身精緻戎裝，身後的侍從一臉冷漠，彷彿擅闖私宅並不算什麼大事。然而這位青年，舉止神色不似常人，只是臉上掛著一副癡迷的神態，一進後院就四處聞著什麼，雖然也是大膽無禮，但又似乎不是歹人。韋香兒心中微惱，但臉上卻漾出紅暈，這是誰家無禮的莽官人，竟對自己的體香如此著迷？

青年不一會兒就看見了閃躲在一旁，剛剛嬉鬧過後的韋香兒，此時便不慌不忙地施禮致歉，隨後自報起家門。原來，這位青年竟然是當朝大唐太子李顯。李顯剛剛從郊外狩獵歸來，騎馬路過韋府時，忽然聞到一股異香。因他自幼就喜歡收集各種香料，而從韋府傳來的這股異香，是他從來都未接觸過的，這讓李顯十分著迷。於是他立刻下馬尋香，沒想到在這小小的韋家後院，竟然遇到了體香怡人的韋香兒。

站在李顯眼前的韋香兒，兩頰酡然，香汗微蒸，嬌羞動人。而她身上的奇香更讓這位太子魂不守舍、不能自拔。韋香兒聽到李顯的誇讚，漲紅著臉，一溜煙掩面跑回自己的閨房。只留下淡淡清香，空空的院落，以及那位悵然若失的太子。手足無措的韋香兒這時還沒意識到，自己的命運已悄然發生變化。自己一個普通官宦人家的女兒，往後竟差一點毀滅掉這個當時在中國最強大的家族。年輕的韋香兒，沉浸在對愛情的期待裡，而年輕氣盛、還不太諳於世事的太子，此時也正野心勃勃地暗自許諾，要給這個女人一世的榮華和幸福。

隨後，韋香兒果然被召進皇宮。心懷忐忑的太子，將這一份固執的愛情帶到母親武則天面前，而在這位聖母皇后心中，此名女子是一份非凡的祥瑞。因為韋香兒身上的奇香，讓這位英明神武的皇后也深感奇異。這樣非凡體香，對於兒子李顯來說，或許就是福氣的象徵。而另外一種說法是，武則天好奇韋香兒的體香之謎，韋香兒將自己滋養皮膚的祕方送給了武則天，年過半百的武皇后使用後，竟如返老還童一般。武則天由此喜歡上了韋香兒。

初入大明宮的韋香兒著實過了一段好時光，李顯的寵愛、武則天的喜歡，再加上宮裡皇子公主都是同齡人，一起在大明宮裡享受這唐王朝最好的時代和尊榮。一個普通文官的女兒一躍成為太子妃，對於韋香兒來說，彷佛夢境。在這幾年裡她學會了貴族的生活、沾染了皇室的氣韻，而更加重要的是，她開始受到權力的誘惑。

弘道元年（西元六八三年），韋香兒為唐中宗生下一個兒子，即李重潤，另外，她還為唐中宗生了四個女兒，即後來的永泰、永壽、長寧、安樂四位公主。嗣聖元年（西元六八四年），李顯登上皇位，韋香兒也就順理成章地成了皇后，她長久以來期盼的夢想終於成真，一時間竟然有種不真實的感覺。然而，就在她還沒有摸透權力到底是什麼東西的時候，她就被權力重重地打擊了一回。

就在同一年，李顯被武則天罷黜，是為盧陵王，而作為李顯妃子的韋香兒，也就跟著他一路到了房州。在這之前韋香兒還曾經幻想過，毫無憂患地過一世榮華的安穩日子。而此番遭遇讓韋香兒心中明白了，在權力面前，太子、皇后、丈夫這些東西統統是靠不住的！

當然剛到房州的時候，韋香兒還來不及理會這些思緒。在權力面前，曾經的皇帝皇后，就如喪家之犬般惶惶不可終日。李顯與韋香兒在房陵，名為盧陵王，實則被武則天幽禁了起來，而且來自朝中各種勢力的任何一次危險行動，都能夠結束這位被罷黜皇帝的性命。

她本來就只是一個寒門出身的女子，她本來就沒有什麼資格去直面權力。並且因為政治鬥爭，韋香兒家族全遭牽連，她的父親韋玄貞被刺配流放欽州而死，母親崔氏也為人所殺。手足中除了兩個妹妹因為逃得及時，幾乎全都被害死。對於這樣的結局，韋香兒心中無奈且憤恨。當她看著在自己懷中瑟瑟發抖的丈夫時，一定會想起當初那個闖進自家後院的英姿少年，那段時光是多麼美好。柔弱的丈夫本來就不適合掌控權力，更何況流放的打擊更是讓這位李唐皇室的傳人，完全喪失驕傲和勇氣。

在她內心裡，有時或許會覺得，就這樣平平常常過一生，也沒有什麼不好，她有愛自己的丈夫，有一群兒女。於是韋香兒用自己的懷抱撫平了丈夫的驚恐，甚至還勸住了丈夫想自殺的念頭。本應該是生命裡最美的十多年，就這樣在漫長的煎熬和隱忍中一天天度過。她肯定也曾後悔，如果當初沒有嫁給這位柔弱的丈夫，自己一定不會經受如此多煎熬，可是那個讓韋香兒一想起來就不寒而慄的權力，卻又讓她的心裡生出一絲別樣的欲念，甚至滿溢出來。當然在房州這樣的地方，在權力的角逐中，多活一天就是勝利。好在局勢稍微穩定下來之後，還有一些站在暗處的力量向他們夫婦伸出援手。

當丈夫對權力和母親的恐懼已經深入骨髓，顯然已經不可能站在前面為自己擋風遮雨，而丈夫皇室的身分卻是她韋氏最大的依仗。正是出於這種自保之心，在房州的十多年裡，韋氏兢兢業業與李顯相依為命，韋氏也從一個懵懂少女成了一個關注朝局、心有城府的女人。在平淡的生活裡，她被磨練出非凡的心智，而在巨大的絕望之中，竟生出了一絲茁壯的希望。

去房州的途中，韋氏又產下一個女兒，這個女兒就是後來的安樂公主，因為這次實在有種逃難的感覺，人走茶涼，所以他們無法再像以往一般錦衣玉食，就連女兒出生，也只是用衣服裹了起來，所以他們為安樂公主起了個小字，叫做「裹兒」。當然，也正因為安樂公主幼時遭遇極為艱苦，而且正是處於李顯落魄的時期，他感覺自己對女兒虧欠，後來也就對安樂公主特別寵溺，對韋氏也是如此。後來李顯登基之後任韋氏和安樂公主恣意妄為，也正是出於對這段落難時光的彌補。

政治的舞台總是風雲突變。人總會老，而權力卻始終只服從強者。聖曆元年（西元六九八年），武則天將李顯召還東都，曾經不可一世、睥睨一切的女皇帝也開始為自己的百年之後做準備，回到長安的李顯再次被立為太子。

然而皇位一天不到手裡，權力的刀刃就會一直懸在頭頂而不是握在手心。李顯和韋氏都明白這個道理，一到長安他們處處低調事事謹慎。大唐皇帝寶座周圍的殺機太重，武三思、相王、張易之、張昌宗兄弟對女皇手中的權力垂涎欲滴，就連太平公主也態度不明。三年後，災禍又一次降臨於再次登上太子之位的李顯身上，大足元年（西元七〇一年），韋氏的獨子邵王李重潤因跟女兒李仙蕙、女婿武延基一起議論張易之、張昌宗兄弟（就是武則天的那兩個男寵），為人所告發，隨後李重潤、武延基就被處死，而女兒李仙蕙也在其後，僅一天時間就逝世。

皇權再一次用冷冽的寒氣，將熱血的天真抹殺。太子和韋氏這一次感受到的並不是女皇難測的聖意，而是來自於寶座背後陰影裡那些虎視眈眈的惡意。李顯和韋氏只有沉默，他們還沒有積攢出足夠的力量來還擊這些影子裡的惡意。李顯的沉默之中多是隱忍和擔憂，而韋氏的沉默裡則多了許多悲憤和怨念。

十數年的流放，早就將韋氏的稚嫩和鋒芒打磨得圓滑厚重，她知道要隱忍，懂進退，知時勢。可是兒子和女兒被殺自己卻什麼都做不了，這份誅心的恥辱和決絕的悲痛，讓一個善良的妻子，一個慈悲的母親，將心中所有對世界的柔軟全都瞬間石化。

其實得知要回長安的第一刻，韋氏內心就明白這長安城已經不是十多年前的長安城了。然而她怎麼也沒想到，這一次黑手竟然伸向了自己的兒女。白髮人送黑髮人，世間之悲莫過於此，這一次經歷的慘痛，尤勝當日她與李顯被貶房州之後全家的悲慘境遇。此時此刻，她不再是當初那個只想著嫁入豪門的傻丫頭了。

接下來幾年，韋氏加緊了自己的政治謀畫，為李顯，也為自己積極結黨籌謀，而上天好像也想要還李顯和韋氏一個天下一般。垂暮的女皇心中對李顯的繼位已經不再有疑慮，只不過那顆年邁的野心還不捨得放下手中至寶而已。神龍元年（西元七〇五年），支持李顯的張柬之等人發動宮廷政變，逼迫年邁的武則天禪讓帝位，李顯順理成章重登大寶，史稱神龍政變，韋氏的努力終於得以實現，也名正言順地當了皇后。

可是她再也不是當初那個初出茅廬的韋妃了，重新成為皇后以後，她從過往無奈的房州經歷，明白一定要把大權握在手裡，這樣才能不使自己處於被動。而韋皇后也有這樣的基礎，那就是皇帝李顯的縱容。她覺得武則天能當皇帝，自己就算不當皇帝，也一定不能任人擺布，所以她開始干預朝政。然而歷史的宿命彷彿從一開始就已經注定，李顯再登大寶最大的支撐是武皇的心意歸屬，而非韋氏與一干人經營籌謀努力的結果。韋氏與朝臣們只不過做了一些順理成章的事情。然而韋氏自己卻不這樣認為，她覺得李顯能再次登基，全是她一人之功，她在心裡甚至有個聲音：如果沒有她，李顯也沒辦法再度登基。

上位之後，韋氏開始膨脹起來。有了武則天這個女皇帝的前車之鑑，為防再出一個女皇，大臣們當然會防微杜漸。這其中出名的上疏納諫之人，就有桓彥範，他引《周易》、《尚書》等書中名句，就李顯對韋皇后的縱容一事說道：「如果母雞司晨打鳴，這個家庭就要敗落了。」除此之外，他還有許多相關言論，但中心只有一個，就是想要皇帝專心政事，並對韋皇后干預朝政一事進行指責，其話語之間，可謂尖銳。只是他這偏東風，當然還是吹不過韋皇后在皇帝耳邊的枕頭風，被韋皇后報復，那也是無可奈何的事情。

如果沒有武則天的出現，天下女子是不可能有如此的開放和自由。如果武則天沒有當過女皇，天下人也不可能知道女人也能做到男人做不到的事。武則天不僅給了天下女人以極大的自由，也給一些卓越的女人更加廣闊的施展空間。特別是對於韋氏這種經歷過權力之殤、對權力痛恨而癡迷的人來說，她深知只有自己掌握權力，才能不被傷害。或許當上皇后那一刻，韋氏並沒有想過要再僭越一步，再去行什麼非分之想，這個世界上已經沒有人有能力再去威脅到她和她家人的安全了。

可是韋氏自己不想，她身邊的人不一定沒有其他念頭。時任昭容的上官婉兒，就趁著韋皇后勢高權重的機會，屢次對其進行勸說，希望她能仿效武則天，當然，不是說讓她當女皇，而是改易制度，用來收取人心民望，與此同時提高婦女的地位。對於上官婉兒這樣的女官來說，比起再回到男權道統，她們更願意再推出一個女皇來服侍。對於效忠韋氏賣官鬻爵的宵小弄臣來說，他們更願意這位主子更上一步，成為天下主人，他們好獲得永世榮華。而對於之前效忠武則天的武氏集團而言，抱緊韋氏大腿來對抗李氏皇族的報復，這是事關他們生死存亡的大事。

於是在唐中宗李顯的後宮裡，讒言漫天，奢靡不止。幾年後韋皇后釋放出壓抑了半生的欲望，她開始賣官鬻爵、驕縱無忌，她甚至還給李顯戴了綠帽子，和李顯的表哥武三思通姦。對於這一切李顯都在無私寬容她，韋氏畢竟是與她同甘共苦十多年的結髮夫妻，而且在李顯內心裡甚至真的認為，如果沒有韋氏就沒他今天的成就，他對韋氏原本就充滿著感恩之心。就李顯自己來說，重登皇位的他，自己逍遙快活還來不及，怎麼會去管韋氏呢？

這之後，韋皇后的作法就愈來愈肆無忌憚、無拘無束了，韋氏對權力的癡迷也愈來愈嚴重。韋后與武三思每日在皇帝李顯的面前誣陷張柬之、敬暉、桓彥範等幫助李氏皇族的重臣，同時又重新起用那些在倒武鬥爭中被打倒的舊臣來培植自己的黨羽和勢力。在中宗的縱容和武三思、上官婉兒等人的慫恿下，朝政大權基本上都落入韋皇后之手。

把持了朝政之後，韋皇后開始向皇權進一步下手。景龍元年（西元七〇七年），韋后因為李重俊不是自己親生兒子，所以對他極度厭惡，並想要構陷他，就連她的女兒安樂公主和駙馬左衛將軍武崇訓等人，也仗著她的勢力強盛，經常侮辱太子。他們甚至盤算著廢掉太子，竟然想要仿效武則天做個女皇帝，安樂公主建議立她自己為皇太女。太子心中激憤，終於在同年七月，率左羽林大將軍李多祚等，發動重俊之變，武三思、武崇訓父子與其門第在這次事變之中被殺，但因為此事變於玄武門受阻，李重俊為手下所殺。這時，在韋氏與皇權之間已經無其他阻礙，只有皇帝李顯了。

景龍四年（西元七一〇年）六月，唐中宗李顯去世。由於中宗生前並未重新冊立太子，於是韋皇后便掌控宮禁祕不發喪，她想要立李重茂為皇太子，讓相王李旦輔政，韋后自己做皇太后攝政，為自己當女皇鋪墊道路。可是韋皇后畢竟才把持朝政不到五年，而且並沒有武則天那樣真正治理天下、掌控朝局的大才。她所籠絡的黨羽故舊，無非是一些酒肉宵小，而最重要的支持者武三思又在之前的政變中被殺。在她祕不發喪的這個時候，實際上是內無親信，外無強助。而且整個大堂朝局，以及天下士族階層並不希望再出現一位女皇帝。

韋皇后的詔命還沒來得及發向全國，臨淄王李隆基就和太平公主搶得先機在七月二十一日，發動了著名的「唐隆之變」，並昭告天下是韋皇后毒死皇帝，號召全天下人群起而攻之。韋皇后感到大勢已去，倉皇逃離，卻被一個名不見經傳的士兵斬下首級。不久韋皇后被追貶為庶人，不過好在李隆基念在她曾是皇后的面子之上，以一品之禮葬了她。

關於韋皇后是不是毒死了皇帝，這倒是不得而知，說不準呢，就是那李隆基和太平公主為了取得民心，而誣衊她的一種說法。其實人都會有欲念，只是這欲，在我們沒有太多辦法將它實現的時候被深藏在了血骨之中，韋氏便是明證，她如果一直只是那普通人家的姑娘，最後也不會窮極奢侈，禍害蒼生，這麼說來，權力，倒也真有讓人迷失的魔力。

假如命運再給她一次機會，韋皇后或許希望自己能嫁給一個平凡的人。不要這潑天的榮華，不要這蓋世的尊崇，只要過得安穩幸福。不用擔驚受怕，不用鉤心鬥角，不用變成權力的奴隸、欲望的魔鬼。然而誰來憐惜她十五年的放逐，誰來安撫她兒女被殺卻無能為力的陣痛，又有誰能體會她嫁給一個窩囊丈夫的苦惱和無奈？身處於政治鬥爭的漩渦裡，又有什麼東西能替代最高的權力，讓她獲得真正的安全感呢？

楊貴妃

我是你的玩物，
你又何嘗不是我的階梯？

活著我便要受盡世間嬌寵，就算是死我也要千古留名。都說女人是男人的玩物，如果從女人的角度來看，男人又何嘗不是女人的階梯呢？

她備受榮寵，而後世對她評價不一，或言其禍國殃民，是妹喜、妲己、褒姒、西施、呂雉一般的人物──「朝廷雖無幽王禍，得不哀痛塵再蒙」，而被人所痛斥──「女色迷人禍更長，千年烽火化溫腸」，把她定性成了紅顏禍水；或言其愛情的淒美，身處帝王之家，身不由己，最後以身死來報答君王對她的恩情──「張鈞兄弟今何在？卻是楊妃死報君」，為歷代文人所同情──「泉下阿蠻應有語，這回休更怨楊妃」，更有白居易〈長恨歌〉：「七月七日長生殿，夜半無人私語時。在天願作比翼鳥，在地願為連理枝。天長地久有時盡，此恨綿綿無絕期」，將這一淒美愛情故事訴說到了極致（當然對於白居易的這首詩歌歷來有不同看法，一說白居易此詩是諷諫詩，是對當時朝政的諷諭，對這種說法我們暫且按下不表，不做過多討論，若有機會另外行文探討）。她的一切似乎都已烙刻在世人心裡，或褒或貶，她身上似乎總披著一層薄薄的紗，讓人覺得如此神祕。帶著這些疑問，我試圖走進這位榮寵一世，最後卻身死馬嵬坡的貴妃，她依舊輕掩面紗，留下解不開的謎團，而我們只能從一個個側影去了解這位神祕的女子──一位被命運選中同時也選擇了命運的女子。

也許她已經看清了當代女人無法擺脫被男人所左右的命運，那麼何不去選擇因勢利導、順應命運？也許人們指責的是她不能像太宗皇帝身邊的長孫皇后或是徐賢妃一般，身在君王側能夠「正聖聽」、輔佐君王，可她只是一個無法左右自己命運的女子，當命運或是時運選擇了她的時候，她自知沒有力量去抗衡這一切，繼而決定順應命運的安排，為自己謀求一份幸福，而這又何錯之有呢？也許她錯就錯在沒能掌握好那個「度」，沒能看清自己真正「幸福的源泉」是源於何處——幸福並不是僅僅源於她身旁的那個男人，而是源於整個唐朝盛世——雖然在她所處的時代，大唐已經開始走向衰落，皮之不存，毛將焉附？若是她能看清這一點，也許就能真正把她所期許的那份幸福，牢牢掌握在自己手中。

最初我們對於楊貴妃楊玉環的印象，多源於白居易那首膾炙人口的〈長恨歌〉，似乎一個「恨」字已將她的一生定格，可她所恨為何？是那原本觸手可及卻又於眼前消散的幸福，還是讓她寄託了一切，但最終卻「背叛」她的那位男子，似乎是這樣，卻又不是這樣，人的心理最難猜測，尤其是已經無法向我們親口訴說的逝者，不妨我們就以史書所載，來推演楊貴妃的內心世界。

白居易的詩起始便已經是「初長成」的楊玉環，「漢皇重色思傾國，御宇多年求不得。楊家有女初長成，養在深閨人未識。天生麗質難自棄，一朝選在君王側。」一位待字閨中的女子在等待著一個賞識她的人出現，最終憑藉著她的天生麗質被君王選中。「回眸一笑百媚生，六宮粉黛無顏色。春寒賜浴華清池，溫泉水滑洗凝脂。侍兒扶起嬌無力，始是新承恩澤時。雲鬢花顏金步搖，芙蓉帳暖度春宵。」從白居易的這幾句詩之中，我們能夠極為直觀地體會到她的魅力之大，體態之美，也由此達成了在當時作為一名女子所能獲得的最高寵幸——君王的寵幸，「春宵苦短日高起，從此君王不早朝。承歡侍宴無閒暇，春從春遊夜專夜。後宮佳麗三千人，三千寵愛在一身。金屋妝成嬌侍夜，玉樓宴罷醉和春。」

但在這裡，我們心中不禁也會產生一個疑問，在白居易詩歌中一出場便是如此受命運眷顧的楊貴妃在其成長之初過的是怎樣的生活？是不是一直都是命運所眷顧的寵兒呢？我們不妨來看一看《舊唐書·后妃傳》中對她的記載：「玄宗楊貴妃，高祖令本，金州刺史。父玄琰，蜀州司戶。妃早孤，養於叔父河南府士曹玄璬」，在這段記載中我們可隱隱察覺出，楊貴妃雖生於官宦之家，但卻是「早孤」，史書歷來講求微言大義，這「早孤」二字便道出楊貴妃早年間的坎坷歷程，當然是否坎坷有待進一步考證，但最起碼有一點是確信無疑的，那就是她失去了對一個處於幼年時期的人來說，最為珍視的父母之愛。叔父曹玄璬對她如何，史書中沒有明確記載，但即便是再好，那種寄人籬下的生活就如陽光中始終存在的陰影一般揮之不去，就如魯迅先生在回憶童年家道中落時那種感受一般，世間的炎涼會深深地刻印在心中。而如何能夠擺脫掉這種命運，在無數個無法入眠、想念親人的夜裡會是她常常思索的一個問題吧！甚至會成為她始終擺脫不掉的夢魘。

想要擺脫這樣的生活，她需要特別過人的外在條件——這她已經具備了「天生麗質難自棄」、「六宮粉黛無顏色」，但她自知還需要在這份天賜條件基礎上加大籌碼——有一技之長。在唐朝這歌舞昇平的時代，即便出現幾次動亂，但絲毫沒有影響貴族對於舞技、音律的愛好。成其所愛，楊玉環苦練舞技、音律，據說連那些讓歌舞者所頭疼的曲子，她都熟練地掌握在身，可見其勤奮程度。楊玉環練就了一身技藝，史書稱其「太真姿質豐豔，善歌舞，通音律」。而此時的她想要有所成就，最為重要的便是獲得一絲契機，能讓她所具備的優勢被有識之人看見、賞識。但契機不僅僅是在等待中所獲，更需要自身努力。正所謂「盡人事而待天命」，受到命運之神第一次眷顧是在她參加咸宜公主婚禮時，當時壽王李瑁見到了她，並在玄宗皇帝最為寵愛的武惠妃授意下，由皇帝下詔將她冊立為壽王的王妃。玄宗此刻怎麼也想不到，這位自己親手冊封的壽王妃子，會與自己和大唐的悲劇命運緊緊扣連在一起。

她命運的另一個轉捩點出現在成為王妃的五年之後，玄宗皇帝所寵幸的武惠妃去世，武惠妃是玄宗皇帝極為寵幸的一個妃子，史書記載：「開元初，武惠妃特承寵遇，故王皇后廢黜。」寵幸到什麼地步呢？史書用寥寥數筆就為我們刻畫出來了，「二十四年惠妃薨，帝悼惜久之，後庭數千，無可意者」，可見武惠妃所受寵幸之重，不亞於作為後來者的楊貴妃，甚至更進一步，假若武惠妃沒有在這時候去世，可能楊貴妃只會成為一個普通的王妃——雖然這對一個凡常女子而言已經是可望而不可及。武惠妃的去世讓作為一國之君的玄宗鬱鬱寡歡，久久脫離不了失去愛妃的痛苦。他急需一個替代者，於是便有人提起了楊玉環，那個被他冊為兒子王妃的女人。

史書記載：「或奏玄琰女姿色冠代，宜蒙召見，時妃衣道士服，號曰太真。」白居易的詩與史書所載極為相似，不謀而合地隱去了那段作為王妃的時段，一個記載他們初相遇是在她成為女道士之後，而另一位則是從她「養在深閨人未識」開始，這恐怕就是所謂的為尊者諱吧——即便是有敕喻。得到了國君的召喚，楊玉環以一曲《霓裳羽衣曲》驚豔宮廷，也被玄宗牢牢記在了心裡。「既進見，玄宗大悅」，他終於找到了武惠妃的替代之人，而此時我們不禁要為楊玉環感到一絲悲涼，因為這時的她在玄宗眼底不過是一個舊人的替代者，可她無法左右自己的命運，當命運降臨的那一刻她選擇坦然地接受。玄宗在開元二十八年藉由為母親祈福的名義，敕書楊玉環出家為道士，號曰「太真」，隨後為壽王新冊立了王妃，再將楊玉環攬入自己的懷中。不知此刻的楊玉環心中是悲還是喜，或許對於一個自小少愛的人來說，誰愛她並不重要，重要的是愛她。可即便是愛，也是需要經營的，這對於她而言似乎並不難，除了她的天生麗質「姿色冠代」，她還有著過人的「智算」，據史書所載「每倩盼承迎，動移上意」，這對於一個步入宮廷但身世並不顯赫的女子而言恐怕是最為重要的。天生麗質，擁有一技之長、過人的智算外加契機，於是乎她在宮廷之中受到君王的專寵便水到渠成。期間雖有一些小插曲，如「五載七月，貴妃以微譴送歸楊銛宅」，但最後都以「比至亭午，上思之，不食。高力士探知上旨，請送貴妃院供帳、器玩、廩餼等辦具百餘車，上又分御饌以送之。帝動不稱旨，暴怒笞撻左右。力士伏奏請迎貴妃歸院」作結，此時的唐玄宗對這個貌美多情，有著過人智算、能夠洞悉上意的女子已然離不開了。玄宗皇帝對她的寵幸甚至到了「禮數實同皇后」的地步，宮中呼為「娘子」。

在自己享受帝王榮寵之時，她未曾忘卻自己的家族，也許自小以及後來在宮中種種的經歷，已經讓她體會到有一個強大家族作後盾是多麼重要，這是她能夠賴以依存的力量，是她能夠將幸福牢牢把握在手中的籌碼。在她努力之下楊氏一族崛起了！〈后妃傳〉中有這樣的記載：

> 有姊三人，皆有才貌，玄宗並封國夫人之號：長曰大姨，封韓國；三姨，封虢國；八姨，封秦國。並承恩澤，出入宮掖，勢傾天下。妃父玄琰，累贈太尉、齊國公；母封涼國夫人；叔玄珪，光祿卿。再從兄銛，鴻臚卿。錡，侍御史，尚武惠妃女太華公主，以母愛，禮遇過於諸公主，賜甲第，連於宮禁。韓、虢、秦三夫人與銛、錡等五家，每有請托，府縣承迎，峻如詔敕，四方賂遺，其門如市。

亦有如下描述：

韓、虢進食，上作樂終日，左右暴有賜予。自是寵遇愈隆。韓、虢、秦三夫人歲給錢千貫，為脂粉之資。銛授三品、上柱國，私第立戟。姊妹昆仲五家，甲第洞開，僭擬宮掖，車馬僕禦，照耀京邑，遞相誇尚。每構一堂，費逾千萬計，見制度宏壯於己者，即撤而復造，土木之工，不舍晝夜。玄宗頒賜及四方獻遺，五家如一，中使不絕。開元以來，豪貴雄盛，無如楊氏之比也。玄宗凡有遊幸，貴妃無不隨侍，乘馬則高力士執轡授鞭。

從史書的這些描述之中可見楊氏一族勢力雄起的程度，已經到了無以復加的地步，「勢傾天下」、「僭擬宮掖」、「府縣承迎，峻如詔敕，四方賂遺，其門如市」、「開元以來，豪貴雄盛，無如楊氏之比也」，看到自己家族日益強大，此時身為貴妃卻享受「皇后」般待遇的她，心中已經開始起了變化，忘記了自己的身分，終於因「忤旨」而被「送歸外第」。這是一種示警，但此時的她已不再是最初那個無依無靠的小女孩，她已經擁有了自己的勢力，有人開始為她說話了，「時吉溫與中貴人善，溫入奏曰：婦人智識不遠，有忤聖情，然貴妃久承恩顧，何惜宮中一席之地，使其就戮，安忍取辱於外哉！上即令中使張韜光賜御饌」，而她此時也是深歷種種宮廷鬥爭，加上她能體會上意的「智算」，最終將這一危機化解掉，「妃附韜光泣奏曰：妾忤聖顏，罪當萬死。衣服之外，皆聖恩所賜，無可遺留，然髮膚是父母所有。乃引刀翦髮一繚附獻。玄宗見之驚惋，即使力士召還」。也許有人在這裡會去指責她在利用玄宗對她的情，可在當時一個女子除了這份情，她還有什麼可以拿來自保的呢？就如她所說，除了這來自父母的髮膚之外，其他的皆是來自於「聖恩所賜」。經歷了這場危機，她似乎真正清晰地了解到她真正的幸福源泉，她的一切是屬於那個高高在上的男人——玄宗。

可楊氏一族似乎並沒有像她一樣體會這些，他們像是沒有意會到他們所擁有的這一切，都是源於一個女子的奮鬥，體會不到她侍在君王側的不易，反而變本加厲。「國忠既居宰執，兼領劍南節度，勢漸恣橫」、「十載正月望夜，楊家五宅夜遊，與廣平公主騎從爭西市門。楊氏奴揮鞭及公主衣，公主墮馬」，楊氏一族的驕奢加速了唐王朝的衰敗——雖然並不是唐王朝衰敗的根由。

安史之亂的安祿山此時已經在悄悄準備向這日漸腐朽的唐王朝亮出他的爪牙，「天寶中，范陽節度使安祿山大立邊功，上深寵之。祿山來朝，帝令貴妃姊妹與祿山結為兄弟。祿山母事貴妃，每宴賜，錫賚稠沓」，安祿山以母事貴妃這件事歷來認為是安祿山崛起的重要轉折，可安祿山的崛起真的與她相關嗎？仔細想來若不是當時有玄宗皇帝的授意，只是作為一個貴妃的她怎有這般能耐，這兩個男人都是在利用她，一個利用她籠絡人心，一個則利用她上位。最終安史之亂爆發，人們需要一個為這件動亂負責的人，明眼人都能看得出來究竟是誰犯下的錯，可誰又敢站出來指責他呢？犯錯總是需要付出代價的，只是承擔這代價的人並不一定是犯下錯誤的人。面對「九重城闕煙塵生，千乘萬騎西南行。翠華搖搖行復止，西出都門百餘里。六軍不發無奈何」的境況，玄宗無所適從了，他開始害怕，「至馬嵬，禁軍大將陳玄禮密啟太子，誅國忠父子」，可憤懣的「六軍」認為，這對於他的懲戒還是太輕，並需要讓他有切膚之痛，也希望藉此能夠警醒這位「聖主」。於是殺掉楊國忠父子之後，「既而四軍不散，玄宗遣力士宣問，對曰『賊本尚在』，蓋指貴妃也」，面對這一切，這位聖主只得「與妃詔，遂縊死於佛室」，畢竟在他心中還有比楊貴妃更為重要的東西存在。風華冠絕的楊玉環最終落得「宛轉蛾眉馬前死。花鈿委地無人收，翠翹金雀玉搔頭。君王掩面救不得，回看血淚相和流」的結局，甚至在玄宗自蜀還之後，希望將她「改葬」的願望都沒能實現，禮部侍郎李揆曰：「龍武將士誅國忠，以其負國兆亂。今改葬故妃，恐將士疑懼，葬禮未可行」乃止。最後楊貴妃以她的死回報了君王對自己一世的恩寵，這也是她僅能為這個替自己帶來一世榮耀的男人，最後所能做的——「張鈞兄弟今何在？卻是楊妃死報君」。

也許有人會覺得她不能像太宗的長孫皇后一般「性儉約」，能撰古婦人善事以戒君王，在其死後使得太宗悲慟不已感嘆「其每能規諫，補朕之闕，今不復聞善言，是內失一良佐」；也不像太宗的賢妃徐氏一般，能寫出「貞觀以來，二十有二載，風調雨順，年登歲稔，人無水旱之弊，國無饑饉之災。昔漢武守文之常主，猶登刻玉之符；齊桓小國之庸君，尚圖泥金之事。望陛下推功損己，讓德不居。億兆傾心，猶闕告成之禮；雲亭佇謁，未展升中之儀。此之功德，足以咀嚼百王，網羅千代者矣。然古人有言：『雖休勿休』，良有以也。守初保末，聖哲罕兼。是知業大者易驕，願陛下難之；善始者難終，願陛下易之」的文章來規勸君王；由此來指責她沒有盡到一個「臣妃」所應當盡到的責任，似乎也無可指摘，可畢竟在男性的世界中似長孫皇后、徐賢妃這般的女子是少之又少，絕大多數女子都不過是男人的一個影子而已，尤其對於一個「早孤」的女人而言，她只是如此希望，如此執著地期待能夠獲得幸福，希望能為自己的家族興盛盡一份力，只是她選錯了方式，然而這種執著的力量又使我們感動，也許有人說她的心機之重，矇騙了帝王，致使一個帝國差點因此斷送，可一個帝國的興衰豈是一個女子所能左右的？帝國的衰亡自有它興衰的緣由，可這緣由絕非是一人所能決定、所能造成。這也怕是後世文人為何或是在慨嘆她與君王之間的悲苦愛情，或是藉她的由頭來諷刺當時朝政，或是藉她一抒胸中對歷史變換的塊壘。而非簡單地將亡國的矛頭指向一個女子，一個在當時只是被男人當作籌碼的女子。

落筆之時，耳邊突然想起〈長恨歌〉的詩句：「臨別殷勤重寄詞，詞中有誓兩心知。七月七日長生殿，夜半無人私語時。在天願作比翼鳥，在地願為連理枝。天長地久有時盡，此恨綿綿無絕期。」從我第一次讀〈長恨歌〉開始，我就覺得這首長詩是從命運的角度，憐憫的姿態在寫楊玉環。詩雖然好，可是讀來卻讓人有些心下悵惘。

楊貴妃雖然最後身背罵名被賜死於馬嵬坡，然而她絕對是人生贏家——從一個寒門孤兒，靠自己的奮鬥成為大唐最尊貴的女人。她在命運的冷漠面前從來不會自怨自艾，她在世事的無常面前從來不會軟弱畏懼，她在不善的敵意面前從來是絕不退縮。如果歷史真有好壞之分，我在心底裡會把她當作一個壞人，可是這也無法阻止我去欣賞她的成功。她的行事或許太過功利，她的欲望或許太貪婪，可是她率性真實，絕不甘於平庸。

輯二

美人著青衿

眞正的自由是
擁有獨立人格

劉采春

真正的自由
是擁有獨立人格

一個女人不應該將自身的命運依附於男人和自己的家世，而是應該主動勇敢地選擇自己所要面對的命運，於諸般禁錮中艱難地展起雙翅翱翔，向著更為廣闊的生命境遇前行。

「言辭雅措風流足，舉止低回秀媚多。更有惱人腸斷處，選詞能唱望夫歌。」唐代著名「風流才子」元稹曾用這樣的詩句來形容中唐一代名伶——劉采春。在唐代要想得到當時那些著名文士的賞識並不易，「貌」自然是其中重要的一個要素，但「才」同樣是必不可少。作為一名入「樂籍」的「官妓」，這兩方面自不必說，但自古以來有才有貌的女子不在少數，對這些女子而言更為緊要的是能否具有「獨特的個性」，是否能超脫時間束縛，讓我們領會到一些更為永恒的生命體驗。劉采春無疑做到了，一個女人不再將自身命運依附於男人和家世，而是主動勇敢地選擇自己所要面對的命運，當然這與當時大唐盛世下對女子的包容心態有著密切關聯，但更少不得的是一個獨立人格心中從未抹滅對自由、對幸福生活的追求嚮往。她們於諸般禁錮中艱難地展起雙翅翱翔，向著更廣闊的生命境遇前行。在歷經世事繁華與冷寂、人生的幸與不幸錘鍊之後，她們在自覺或不自覺之間已經走出了對個體生命的體驗，開始走向一種更為普遍、更為永恆的生命意識，劉采春無疑是這些傑出女性中的一位。她是一位能夠情動天下的女子，「采春一唱是曲，閨婦行人莫不漣泣」。

即便是才若劉采春，在男子寫就的所謂正史之中也難見隻字片語，《舊唐書》、《新唐書》都未見其傳記，只是在《全唐詩》的詩人小傳中有這樣一個簡單的介紹：「劉采春，越州妓也，詩六首。」能在篇幅宏大的《全唐詩》中占有一席之地，這也可以說是對她才華的一種肯定吧！

雖則正史未留其名，但這並未影響到當世以及後人對她的銘記，她在歷代文人的筆下又獲得一種新生。無論是《唐詩品彙·姓氏爵里詳節》、明人陸時雍《唐詩鏡》、清代陸昶《歷代名媛詩詞》、元人楊士弘《唐音》、明人徐應秋《玉芝堂談薈》中，都記錄下劉采春的身姿。

劉采春的職業是伶人，即《全唐詩》中在介紹她時所說的「妓」，「妓」這個行業在自身發展的歷史中不斷完善，到了唐代，整個歌妓制度的體系已漸趨完備，甚至細化出了官妓、家妓、私妓等不同層次，與此同時更為穩定的樂籍管理規定也在這時候出現了。而劉采春正是一名有著「樂籍」的「官妓」。

不僅是她，她的丈夫周季崇和夫兄周季南也都是當時著名伶人，他們非常擅長表演「參軍戲」。參軍戲，又被稱作「弄參軍」，若是想考察它的淵源，可追溯到秦漢時期的俳優，早在《漢書·廣川王去傳》中就曾有過這樣的記載：「後去數置酒，令倡俳贏戲坐中，以為樂。」在顏師古注中稱「俳」為「雜戲者」。可以說是此一表演形式較早的記載了，而這種表演真正繁盛的時期正是在唐代。

劉大傑在《中國文學發展史》中曾這樣寫道：「參軍」和「蒼鶻」是唐代參軍戲中兩種固定角色，「周季崇、劉采春夫妻是扮演參軍戲的名角」，他們組成了一個「家庭班」。「民間流動戲班之代表」——這是任半塘在《唐戲弄》中對劉采春一家所組成「家庭班」的評定。

唐代的參軍戲與如今的相聲有著許多相似之處，在最開始的時候參軍戲是由兩個人共同完成，就如同現在相聲中的捧哏和逗哏，之後隨著內容不斷演變，開始出現多人共同表演的形式（與群口相聲相似），女演員也逐漸加入表演者行列。正是在這樣一個背景之下，劉氏一族三人組成的戲班，在江浙一帶到處演出，聲名日隆。

在不斷表演經驗積累之下，劉采春不再僅僅局限於對這一技藝的繼承，她開始思索如何讓它能夠得到進一步提升，如何能使這門技藝不再僅是透過那些戲謔的語言逗人一笑，而能予人更崇高的價值。在當時，能夠表達出一個人內心所思所想所感，同時又能廣泛傳播的方式無疑是寫詩——作曲——傳唱。

於是，憑藉自身才華，劉采春為參軍戲進行了大膽改革，開始打破劇種本身僅憑語言戲謔的形式，將「唱」這一在當時更為人們所喜見的方式加入表演之中，而正是這一大膽創新之舉，使得她在中國戲曲發展史上也占有一席之地。在張庚、郭漢城主編的《中國戲曲通史》第一編第二章〈戲曲的形成〉中是這樣評價此一創新之舉：「陸參軍的主角曾經以囉嗊曲唱過〈望夫歌〉，這種歌雖不是敘事的，卻開闢了參軍戲中唱曲子的先例。」而這裡所提到的「陸參軍的主角」，就是劉采春。

其實，在我看來劉采春的此一創舉不管後人是如何評價，都不過只是外在的形，因為對於劉采春個人而言，這種變革同樣也為她自身完成了一次極為重要的蛻變，尤其此番蛻變在她所唱的「曲」中得以表達出來。透過不斷遊歷演出，她看到了當代女性所遭受的諸種不幸，尤其是「商人婦」這一群體。

在白居易的〈琵琶行〉「井底引銀瓶」中已經對這一群體做出了刻畫，將她們心中的悲苦以一個男子的立場書寫了出來。

「商人婦」這一群體的出現與當時社會經濟發展狀況有著極為密切的關聯，我們都知道大唐盛世開闢了絲綢之路，與各國的貿易往來不斷，商人群體在這個時期得到了極大的發展，但正如白居易〈琵琶行〉中所描繪的「商人重利輕別離」，為了能夠賺錢，這些商人們需要到處奔走。在古代，交通沒有現在發達，一走便是一個月、半年、一年，加之道途艱險，於是這些商人的妻子便只能獨守空房，日日擔憂，在冷寂、苦悶與憂慮中期盼著丈夫的歸來。

劉采春看著這一切，身為一個女子，心中生出了諸多哀嘆，於是便以女性的角度將這一群體所遭受的種種不幸描繪了下來，於是便有了〈望夫歌〉(〈囉嗊曲〉)六首，這六首〈望夫歌〉也成就了劉采春。現將其中四首錄下，讓我們一起來看一看劉采春是如何為那些獨守孤寂的「商人婦」們吶喊的：

莫作商人婦，金釵當卜錢。朝朝江口望，錯認幾人船。

不喜秦淮水，生憎江上船。載兒夫婿去，經歲又經年。

那年離別日，只道往桐廬。桐廬人不見，今得廣州書。

昨日勝今日，今年老去年。黃河清有日，白髮黑無緣。

第一首詩中起句便是「莫作商人婦」，簡潔而直白，盼望夫歸而不得歸所產生的幽怨之情躍然紙上，這與李益在〈江南曲〉中所詠出的「嫁得瞿塘賈，朝朝誤妾期」所表達的意願有相類似之處。她的幽怨來自她的夫婿，源於久別而不得見，但與此同時卻又是「朝朝江口望，錯認幾人船」。她的夫婿就是白居易〈琵琶行〉中所說的「重利輕別離」那個商人啊。商人總是經常在外奔波做生意，而家中的妻子自然盼望自己的夫婿早點歸家，但卻始終不知他何時才得以歸來。因此就只有求助於占卜這樣的事，來慰藉自己的心靈了。

第二首起句則是「不喜秦淮水」，這首詩本來表達的是因長期與夫婿分別而產生的閨思。是一個比較常見的題材，但劉采春在詩中卻大膽創新，加入了一些想入非非的念頭，把一些憨態橫生的口語都寫入詩句，讀這首詩如同見到這個人一樣。獨處空閨的少婦在百無聊賴之際，到處亂想，一會兒又想到夫婿的離去，她獨自一人守在空蕩蕩的房間中，只好一會兒怨水，一會兒恨船，怪來怪去也不過是她內心種種孤獨在作怪。秦淮水何罪？只是因它載著心愛的夫婿漂泊遠方，無法相會罷了。在詩中既說「不喜」，又說「生憎」，正如秦淮水一般，所憎惡的也並非是這些無情的船隻，而是在期盼著有情郎的歸來，隨後又想到自己的夫婿離別之後歸期不知，因而連用了兩個「經歲」，這是一種強調，強調的是時間不斷流失所留在心中的烙印，全篇看上去好像是胡思亂想，想到哪裡就說到哪裡，但表達的感情卻情真意切，將閨中少婦的「天真爛漫」神態生動地向我們這些讀者展現出來了。所以她寫的不僅是詩，更是一種生活。

這首詩得到沈德潛的評價，他在《唐詩別裁集》中說道：「『不喜』、『生憎』、『經歲』、『經年』，重複可笑，卻是兒女子口角。」只是說起來劉采春將離恨轉嫁給水和船，這樣的作品在之前也不是沒有的，像晁補之在一首〈憶少年〉詞中曾怨「無情畫舸」，劉長卿在一首〈送李判官之潤州行營〉詩中也抱怨「江春不肯留行客」，這些詩都將自己的哀愁予以轉化，但卻不如劉采春的作品風韻天成，讓人身臨其境。劉采春的詩往往給人一種真實的感覺，大概她是女子的緣故，很多時候心思更為細膩，描寫多符合人的心境，才給人一種身臨其境的氛圍。不得不說她技巧之高。

第三首是「那年離別日」，這首詩是寫夫婿逐利而去後變得行蹤無定。曾經張潮有首〈江南行〉，他在詩中寫道：「茨菰葉爛別西灣，蓮子花開猶未還。妾夢不離江上水，人傳郎在鳳凰山。」裡頭所表達的意境和劉采春這首詩有相似之處。「朝朝江口望」，這句反映了詩人正一心望夫婿歸來，卻不想自己的夫婿卻是愈行愈遠，而後終於失望。每次看到船的時候總是期盼那是自己夫婿的船，到頭來卻都只是空歡喜一場啊。

有人分析過「桐廬已無歸期。今在廣州，去家益遠，歸期益無日矣。只淡淡敘事，而深情無盡」，這講的就是兩人長期分離後，雙方都飽受相思之苦。對方的歸期難卜，這就更讓人痛苦了。在這種不知歸期的情況下，留守在家的詩中人只有空對閨房等待，任由時光飛逝，浪費了大把青春。所以她下一首詩中不禁發出「昨日勝今日，今年老去年。黃河清有日，白髮黑無緣」此種近乎絕望的悲嘆了。根據歷史發展，唐代商業變得愈來愈發達，因而商人婦也愈來愈多。類似詩中這種商人婦的愁苦也就不勝枚舉。所以這首詩也是揭露了當時的一種社會現狀。

第四首寫的則是「佳人遲暮」的一種心緒，與「年年歲歲花相似，歲歲年年人不同」之感相類，時間在不斷流逝，可這份思緒這顆心卻並未因時間而有所變換，變換的只是那青絲，青絲變白首。「黃河清有日，白髮黑無緣」更是表現出於絕望中求得一絲希望的情感。

藉由這〈望夫歌〉，劉采春完成了自己的蛻變，她將個體的怨婦之思、望歸、離愁進一步昇華，走向了更為普遍而雋永的生命意識。在「怨」中苛求一份穩穩的幸福，在「離愁」苛求著最終的團聚。也正是這一緣由才使得「采春一唱是曲，閨婦行人莫不漣泣」。

其實在這些「商人婦」的吶喊聲中我們似乎能夠看到另一個身影，那是劉采春的身影，是一個無比堅強的身影，她在為這些女子吶喊的同時也似乎為她們指引出一條明路，一條依舊是崎嶇坎坷的路，但這條路卻能在另外一個層面上解決各自面臨的問題。那便是不再將自身的命運依附於男子身上，而是主動勇敢地選擇自己所要面對的命運，燃燒出內心對自由、對幸福生活的追求嚮往，於諸般禁錮中展起雙翅飛向更為廣闊的生命境遇。在歷經世事的繁華與冷寂，人生幸與不幸的錘鍊之後，能夠走出個體生命的體驗，面向一種更為普遍、更為永恆的生命意識思索。

最後我們再來看當時人們是如何描繪劉采春的風姿。作為一名女伶，作為一名女子，劉采春也是極為善於打扮自己，可以說是引領了當時潮流。雖然這看起來與劉采春本身所從事的職業有著密切關聯，但實則是一個女子內在心性的反映，一個善於打扮自己的女子並不僅僅是為了美，更是凸顯自身氣質的一種方法。劉采春是一名入「樂籍」的「官妓」，也正是這個緣由她得以結識當時的文士階層。而其中一位尤其與她交好，對劉采春更是不吝讚譽之詞，那便是元稹。從元稹寫給她的詩中我們便可知道這位一代名伶的風姿。元稹在〈贈劉采春〉一詩中是這樣描繪她的：

新妝巧樣畫雙蛾，謾裡常州透額羅。
正面偷勻光滑笏，緩行輕踏破紋波。
言辭雅措風流足，舉止低回秀媚多。
更有惱人腸斷處，選詞能唱望夫歌。

在這首贈給劉采春的詩歌中，元稹將劉采春的裝扮、風姿做了詳盡的描繪——從她的服飾、步履一直到她的言語、神情。她衣著別緻，步履輕柔，頭戴透額羅，舉止、言詞秀雅而多情。這些都讓才子留下了深刻的印象。以至於他把自己的紅顏知己薛濤都拋在腦後，拜倒在劉采春的風雅之下。晚唐范攄於《雲溪友議》這樣記載：「容華莫之比也，元公似忘薛濤」，「元公求在淛河七年，因醉題東武亭，詩曰：『役役閒人事，紛紛碎簿書。功夫兩衙盡，留滯七年餘。病痛梅天發，親情海岸疏。因循未歸得，不是戀鱸魚。』盧侍御簡求戲曰：『丞相雖不戀鱸魚，乃戀誰耶？』」宋代計敏夫在《唐詩紀事》卷三十七〈元微之〉中更是藉由盧侍郎之口做出回答：「丞相雖不為鱸魚，為好鏡湖春色耳。」而春色即謂采春。《雲溪友議》「求在淛河七年」中的「求」字道出了元稹是主動在江浙留任的，這其中恐怕免不了有劉采春的因素在，就像當年他對薛濤所做的一樣——因慕西蜀才女薛濤之名「及為監察，求使劍門」。

現在我們已經無法知曉劉采春的最後歲月是如何度過的，但在眼前還是浮現出這樣的一幅畫面，一位遲暮的老者坐在幽靜的院落之中，回憶著過往且面帶著微笑，她似乎在向我們低聲傾訴著，作為一名女子，能有這樣的一生雖有遺憾，但亦無悔。

公孫大娘

有才華的人
更應該去做自己

她這一生裡沒有攀附權貴，沒有低眉順眼、曲意逢迎，她只是盡情地起舞，自在地行走。不論這個世界對她是萬千寵愛，還是冷漠無常，她都是一個人不悲不喜，行走天涯。

如果中國古代歷史有十分的美，那麼唐朝一定獨占三分。唐朝的美是一種力之美，在歷史長河中閃耀不止的有遼闊的疆土、尚武的情懷，有浪漫的詩篇，還有柔似水、熱似火的唐朝女人。倘若要用一個人來代表唐朝的偉大和強盛，那必定是唐太宗李世民，如果要用一個人來代表唐代的華美和璀璨，那麼李白是最合適不過；那麼要是說到盛情和氣象，最能代表唐代風情的，卻只能是公孫大娘這個女人。

唐代雖然是一個極其開放的時代，對女人也相對比較寬容，但是無法改變的現實是，封建社會根本就不可能承認女性獨立人格。主流價值或許會認可個別女性的非凡成就，但是對整個女性群體卻缺乏更為進步的認識。在唐朝歷史上，除了像武則天這樣的政治人物之外，能受到整個唐朝社會共同認可的女人，就只有這位公孫大娘了。

中國自古是缺少獨立知識分子階層的社會，幾乎所有學者、藝術家、工匠都是政權的附庸。作為一名舞者，不要說像藝術家那樣受人尊重，就連像一個普通人不被人歧視都很不容易。而像公孫大娘這樣，以一名歌舞藝人身分獲得全社會普遍認可，並備受上流社會廣泛讚譽的女性，在整個上下五千年歷史裡，都可說是獨此一位。當然，說到底整個社會認可的並不是這個女人，而是此女身上所展現出來的，能體現一個時代精神的氣韻。簡單地說，公孫大娘是最有唐朝風格的人了，看這個女人就能夠知曉整個唐朝獨特的感覺樣貌。對於當時的人是這樣，對於現代人也同樣如此。

公孫大娘的本名以及出生年代，在目前文獻中都沒有詳細記載，這皆要拜封建時代的史官所賜，在他們眼裡從來都不認同女人，然而《全唐詩》中描寫公孫大娘的諸多詩詞，卻給了那些史官們一個響亮的耳光。公孫大娘據文章考證可能是河南許州人，最開始活躍於豫中一帶，表演舞蹈。由書中描述可見，公孫大娘的舞蹈形式是女子單人舞，由於屬於觀賞性的舞蹈，即便是劍器舞，為了追求美感，穿的衣服都是經過改良的戎裝且是盛裝華服，舞蹈興盛同時還引領了服裝的變化，開放之風愈顯，深受廣大人民的追捧和喜愛。她的舞姿極具特色、剛柔並濟，既展現了男兒家的豪爽開放，又流露出女兒家的柔情似水。

公孫大娘作為一位民間藝人，常在民眾之間演出，幾可用萬人空巷來形容，名聲愈來愈響亮之後，甚至驚動了宮廷，受邀到禁宮內為達官顯貴表演。在皇宮深處，不僅宮人們極其喜愛她的舞姿，就連皇帝也對她另眼相看。要知道，唐朝盛世有諸多慶典都需要歌舞慶祝，所以不但全國歌舞盛行，優秀的表演者也是數不勝數，然而即便在激烈的宮廷競爭裡，公孫大娘的劍舞也堪稱無人能比。

唐代的舞種基本上分為兩類，一種是軟舞，一種是劍舞。公孫大娘所擅長的就是這劍舞。劍舞主要是從民間武術發展而來，武術屬剛，而舞蹈屬柔，她將武術和舞蹈融合在一起，於是創造了精采絕倫的劍舞。劍舞既帶有武術的剛勁，又兼有舞蹈的柔美，單單一曲就融合了兩種不同的美感，這也正是最能彰顯大唐風采的力之美。公孫大娘擁有許多受人歡迎的劍舞作品，但最負盛名、最為人津津樂道的，便是「劍器」，這是她從劍舞的基礎上發明的一種關於武器的舞。其中《西河劍器》、《劍器渾脫》等，都是她非常著名的劍器舞蹈。

盛唐是舞蹈發展的黃金時代，上自王公貴族下至平民百姓，幾乎人人都能來上一手。唐太宗時期，有時甚至親自填詞，教授詞曲，使得歌曲舞蹈日益興盛。到了唐玄宗時代，帝王精通樂律，會填詞、會編舞，妃子更是能歌善舞，並把它看得極為重要，甚至當作生活的一部分。其實，人們喜歡舞蹈也是從側面體現出當時國家的兵強馬壯，國力昌盛之下，人民安居樂業。相傳唐代最負盛名的歌舞劇《霓裳羽衣曲》，就是唐玄宗李隆基的作品。

劍器舞是由武術與舞蹈相結合而產生，同時具有格鬥、競技的特點。劍器舞的起源較早，最早可追溯到春秋時期，孔子的弟子子路曾給孔子表演過。後來的劍器舞吸收了西河地區的舞蹈和武術元素，從而形成了如今極具特色的劍器舞。此種舞非常難，一般的舞者無法將單手劍舞和雙手劍舞協調起來，更無法將精髓發揮出來，因此只能借助道具來轉移觀眾的視線，以增加自己的亮點。而公孫大娘的舞技之所以受追捧，原因之一就是她能將單手舞和雙手舞協調地統一展現，讓人難以望其項背。她尤其極具創新性，將傳統劍舞與自身條件相結合，不僅舞技高超，而且自創多套聞名於世的新式劍器舞，在當時帶起了一股劍舞熱，致使劍器舞風靡一時。

公孫大娘在民間表演時，觀者如潮、如山，她舞劍的時候猶如遊龍肆意揮灑，發出耀眼的光芒，展現出劍氣的雄渾。其驚人氣勢使得天地為之動容、風雷壑動，青山為之低頭。在善舞的宮廷之中，她應對自如，穩居舞者第一的名銜，無人能及，讓在位者側目，讚不絕口。在當時臥虎藏龍的梨園、教坊、宜春院和宮外供奉中，她以一支劍舞獨冠一方、名動一時。致使許多達官貴人邀她入府，拜帖絡繹不絕，只求一舞。

據鄭嵎〈津陽門詩〉記載，唐明皇壽日、千秋節等宮中舉行龐大的歌舞表演時，公孫大娘的舞姿是最讓人稱奇讚嘆的。

在唐朝那繁華的時代裡，公孫大娘以驚人的舞姿被人稱為「唐宮第一舞人」。她是在民間以舞出名，後被請到宮廷梨園、最後入駐宜春院，在帝王八千侍女中，無人能及，獨領風騷；她是一名專業的劍器舞蹈家，而後最終回歸民間。她以一名民間藝人的身分在歷史長河中幾經沉浮，直至今日，也無法將她與現代文化的關係斬斷，她向我們展示了古時候文藝的高超和古人的聰慧，以及當時對文藝的重視和喜愛。

如果奇女子之稱僅僅是因為她驚為天人的舞姿，那也不能稱為奇了吧，只能是技藝高超的嬌娘子或女舞者。在當時以舞為榮的時代，能歌善舞的女子又少得了嗎？那後宮八千侍女學習的舞蹈難道不值一提？她們為皇帝表演，技藝如何能差？但流傳下來並被人津津樂道的又有幾人？如果僅僅是作為一個簡單的舞者，公孫大娘自然沒有辦法在歷史的長河裡留下偌大名聲，甚至要想在唐朝這個小天地裡占據一席之地都很困難。她的劍器舞不僅僅是一個簡單的舞蹈，更代表著大唐繁華和氣韻的象徵。作為一個當時的超級偶像級明星，公孫大娘對整個唐代的影響都是不容小覷的。其影響力已經遠遠超出大眾文化娛樂的範疇。這種影響力除了在文學作品裡，在同時代著名人物的文獻資料中也是屢見不鮮。

我國唐朝知名書法家草聖張旭就十分推崇公孫大娘。後來他在傳授崔邈、顏真卿書法時曾對他們說過：「始吾見公主擔夫爭路，而得筆法之意；後見公孫氏舞劍器而得其神。」意思是說他在看到公主與車夫爭路的事件中明白了書法的意境是審時度勢，而之所以能悟出草書之神韻，完全是公孫大娘那氣勢磅礴的劍器舞所給的靈感，筆走龍遊，不拘泥於傳統，才能讓我們今天看見那獨樹一幟一卷的筆墨丹青，才能發現那癲狂的書法家細緻的一面。

張旭後來教導其弟子書法的訣竅在於苦練和觀察，才能得其真諦，更要結合自己的實際狀態，創造出屬於自己一派的氣勢和神韻，這樣方得書法博大精深的內涵。他的弟子顏真卿後來終於悟得老師所言，自成一派，創出顏體。其實張旭在河南鄴縣時常常觀看公孫大娘的劍器舞，她手勢自如地揮灑，猶如各個草書字體鮮活地出現在他面前，她旋轉跳躍，就如手中毛筆的筆鋒在紙上肆意舞動，自成一派。張旭從中悟出下筆講究輕重緩急，運筆帶有節奏感，要突出自己的氣韻。公孫大娘的劍器舞對他影響至深，以至於在教導弟子時仍不忘讚嘆她的舞姿超群。

與張旭齊名，人稱「張顛素狂」的懷素，小時候好佛道，於是出家為僧，他的草書被後人稱為狂草，運筆圓潤流暢，一氣呵成，揮灑自如，熱情豪放。觀看公孫大娘的劍器舞之後，草書功力大漲，頓起抑揚頓挫之勢，筆勢流轉飛龍走蛇，極具特色。

另一位受她舞蹈深刻影響的是唐代著名畫家吳道子，他通過欣賞公孫大娘的劍器舞，體會出用筆之法。並也曾師從張旭，集兩者之長，敢於創新，不拘泥於陳舊，另闢蹊徑，終成一代畫家。他擅佛道、神鬼、人物山水、鳥獸、草木、樓閣等，尤其精於佛道人物的繪畫，他畫佛暈從不用規尺，打破陳規，只見一手豪邁地揮灑，最終形成一束獨具特色的暈染，而他的每幅圖畫又形態各異，直接體現了社會百態人生。

而杜甫更是與公孫大娘結下深厚緣分。他曾在〈劍器行〉一詩中提到：「開元三載，余尚童稚，記於郾城觀公孫氏，舞劍器渾脫，瀏漓頓挫，獨出冠時……自此草書長進，豪蕩感激，即公孫可知矣。」杜甫七歲時就遇見過在民間表演的公孫大娘，當時的公孫大娘一身戎裝，身著華裳錦服，頭戴金簪玉釵，面色紅潤，姿態柔美。舞蹈間身形如豹子般矯健，如燕子般輕盈，時而像遊龍翱翔天際。

舉手投足間散發出一種驚人氣勢、動人神韻，展現出大唐的萬千氣象。當時的杜甫完全沉浸在動人的舞蹈中，完全忘記一直拉他手的爺爺，發現公孫大娘舞完轉身離去時，杜甫就緊緊跟在身後。當查覺到這個小尾巴並問清楚來意，公孫大娘只是微微一笑，隨後拿起身後的七寸寶劍，再次起舞。直到杜甫的爺爺找到他，他還沉浸在舞蹈中不能自拔。

杜甫呆呆地問爺爺：「爺爺，你說像不像一隻鳳凰在騰飛？」爺爺也是震驚得久久不能回神，良久回過頭來說：「是啊。」只此一舞，讓杜甫印象深刻。在以後的半載光陰裡，一直都記得那翩翩起舞的絕美身姿，就像是一隻鳳凰，直飛天際。而僅七歲的他便因為這次相遇，作出了〈詠鳳凰〉。「七齡思即壯，開口詠鳳凰」一直傳唱至今，這也是杜甫詩歌之路的開始。

南宋張端義在《貴耳集》中對李清照的〈聲聲慢〉曾做出這樣的評價：「此乃公孫大娘舞劍手，本朝非無能詞之士也。」在那個文人高於一切、恪守禮儀，視民間作坊為污濁之物的時代，能得到如此高的讚譽，可見公孫大娘對後世影響之深、撼動之大。當時的環境下，李清照更是一位難得的女詞人，她有著不輸於男兒的一腔熱血，不亞於文官武將的抱負，最終能得到與公孫大娘齊名的稱讚，可見人們對這兩位女子的認可與讚美、敬畏與尊崇之情。

時隔近五十年，大曆二年十月十九日，五十五歲的杜甫在滿目瘡痍的白帝城再次偶然遇見一女子著戎裝、戴佩環，以一劍舞動，身姿頗具當年公孫大娘的風範，於是上前詢問：「你是師從何派啊，怎麼看著氣勢如此威武呢？」

女子上前答曰：「師從公孫大娘，可惜師父已經去世多年。」看到那印在腦海的絕妙舞姿再次出現在自己眼前，杜甫不禁感慨萬千，自己再非天真的孩童，而那隻驚為天人的鳳凰早已西去，就連劍器舞的傳人都非盛顏，更與當年公孫大娘有著很大的差異，舞姿、身形、氣勢神韻無不向人展示著另一位公孫大娘的在世，然卻始終和真正佳人有著本質的區別，在傷心之餘作下詩篇：「昔有佳人公孫氏，一舞劍器動四方。觀者如山色沮喪，天地為之久低昂。霍如羿射九日落，矯如群帝驂龍翔。來如雷霆收震怒，罷如江海凝清光……」

對於杜甫來說，自己兒時在公孫大娘劍舞中看到的不僅僅是那隻鳳凰，而是整個東方的氣象、盛唐的繁華。正是公孫大娘身上的盛唐氣韻，讓杜甫的靈魂真正充滿了對這時代的愛慕與敬仰，也正是這份藏在每個大唐子民心裡的驕傲和信仰，讓經歷帝國風霜的杜甫在後半生都鬱鬱寡歡。而多年之後與公孫大娘傳人的再度重逢，又何嘗不是對個人生命消逝的哀嘆，對大唐盛世凋零的悲鳴？

每一個人都經歷生死，但不是每一個人都能經歷盛世。人生而必死，這沒什麼可值得惋惜的，而一個盛世的衰朽卻是最能讓人感到悲涼了，因為這意味著一個時代、一個國家、一個民族夢想的隕落。杜甫在公孫大娘昂揚的舞姿裡領會到盛世的美，最後又在公孫大娘沒落的背影中嚐到了盛世衰亡的痛。杜甫和整個中晚唐的人是不幸的，而公孫大娘卻是有幸的。當她起舞，天地因其頓生光華；當她斂身，四方為之靜默無聲；當她謝幕轉身，默默走遠，整個時代的哀嘆和惋惜都變成了她的和聲為她送行。

公孫大娘這個名噪一時、盛唐第一舞人的芳蹤，也隨著時代的垮台，湮沒在烽火連天的戰爭裡。她曾經以一曲舞動長安，而後卻無人問津，輾轉流落江湖，如浮萍般居無定所。以前的嬌娘子、女豪傑在時間的摧殘下變成了真正步履蹣跚的大娘，曾經那豪氣萬丈、婀娜多姿的身形也佝僂得像張開弦的弓，那白如雪、嫩如腐的柔荑也已布滿斑駁的皺紋和青色的血管，皮膚像一張老樹皮包在手腕上，曾經的錦衣華服、珠釵寶環也難再展現當年風采。她這一生沒有攀附權貴，沒有低眉順眼、曲意逢迎，她只是盡情地起舞，自在地行走。不論這個世界對她是萬千寵愛，還是冷漠無常，她都是一個人不悲不喜，行走天涯。

而這一奇女子最後抑鬱而終，落寞西行，沒有悲壯豪邁的奏樂，只有隱忍零落的低泣，沒有成千上萬的群眾弔唁，只有清冷的靈堂。西行的路上公孫大娘會不會用自己的舞蹈為自己餞行呢？這我們就不得而知了。但肯定的是，她一身絕學、滿身的舞藝並沒有失傳，她的弟子李十二娘是教坊的一名藝人，安史之亂後仍在四川一代獻藝表演。在戰亂的年代依然選擇揮舞著象徵大唐氣勢、代表紅極一時的寶劍，在炮聲的配樂中、在火花的映襯下翩翩起舞，用自己的方式為師父送行，以此來安慰師父在天之靈。李十二娘透過一己之力來繼承這劍器之舞，將之發揚光大，這脾氣性格也如公孫大娘般執拗，不失為另一奇女子。

李季蘭

放不下，
就會讓愛變成自己的阻礙

一縷香魂就此消散。站在時代面前，人的生命等同於螻蟻。是是非非說不清，是悲是喜道不明。然而，在詩壇，詩豪李季蘭代表了一個朝代的女性精神，是一名巨匠。她的一生如同一朵薔薇的盛開，凋落……

她是中唐詩壇頗具影響力的巾幗詩人，由於其「專心翰墨」、「尤工格律」，在當時便享有「詩豪」的稱譽。她與眾女子不同，自古「女唯四德」，但「美姿容，神情消散」的她，被稱道「行氣既雌，詩意亦蕩」，與大唐精神相應和。她不像一般女子含蓄內斂，而是性情直率灑脫，內在精神特質裡有的是率性瀟灑與開放自由。這樣一位才女，也許是因為在傳統女性中顯得太過前衛，有違女子賢良淑德，故而生平不為正史所記載。如今為我們所知的便只有唐趙元一《奉天錄》、宋李昉等《太平廣記》、元辛文房《唐才子傳》中，零星幾筆為我們勾勒出的輪廓。因此，對於她生平中最為重要的籍貫、生年、享年等歷來無有定說。她就是像夢一般存在的李冶，字季蘭。

就拿她撲朔迷離的籍貫而言，有人說季蘭為峽中人，但「峽中」並非具體地名，《全唐詩》小傳則說她是「吳興人」，而吳興在季蘭的詩歌當中又無法找到內證。故有人根據她的作品及其交遊時的詩作推測，季蘭之於吳興，乃與李白之於江油等同。即是說，吳興雖不是季蘭的籍貫，卻是季蘭的第二故鄉。當然，對於我們而言，了解這位「女中詩豪」的傳奇故事、欣賞她的獨立精神，寥寥幾筆已經足夠。

李季蘭從小天資聰穎，尤善於作詩，這令她的父親自豪不已，常常帶著她出門與人吟詩作對。有一天，庭中薔薇花開，父親讓她當場作一首詩，李季蘭沉思片刻，詩作完成，這次父親卻怎麼也高興不起來。因為她最後兩句詩這樣寫道：「經時未架卻，心緒亂縱橫。」原來，當時唐代婦女教育呈現繁盛局面，女訓文化對女子的行為規範也提出嚴格要求，希望當朝女性呈現出積極與保守並存的一面。但是小小的李季蘭卻因看到了薔薇而「心緒亂縱橫」，讓她父親感覺失掉了顏面，對她十分氣惱，當時就下斷言：「此女子將來富有文章，然必為失行婦人矣。」（《太平廣記》卷二七三引《玉堂閒話》）就這樣，季蘭被送入了玉真觀。從此，她多了一重身分——女冠。於是有人認為季蘭後來執著追求愛情，卻是心有愛情種，人無浪漫雨，就是因為這一特殊身分釀造的悲劇。當然，這樣的推論是否合理，我們不做過多評論，事實是，季蘭後來的一切確實應了她父親的「薔薇之讖」。

「心與浮雲去不還，心雲並在有無間。狂風何事相搖蕩，吹向南山又北山。」一個內心不能平靜的女子如何適應得了道觀生活？其實，中唐時期的道觀並非是過著青燈古佛、隱居深山的清心寡欲，相反，唐朝的道教由於特殊歷史原因，發展異常繁榮，女子入道觀已成為當時的一種風尚，女冠們享受著各方「供養」，衣食無憂，她們的生活甚至比一般閨閣女子更自由，也因為置身方外，在道觀中更能與男子自由交誼。這樣看來，若季蘭父親預言她將來定為「失行婦人」的「薔薇之讖」是真的，那他將女兒送到道觀的決定不僅沒有改變這種結局，反而助長了季蘭的率性與不羈。

但也不得不承認，在季蘭成長過程中，道觀生活期間接受的教育，對她生命品質的昇華是極其受用的。在道觀李季蘭除了讀經之外，也時常作詩、彈琴，大大提高她的文采和琴技，使她獲益匪淺。此外也因為她聰明伶俐、悟性甚高，深得觀主喜愛，所以她在女冠中顯得特別出類拔萃。

李季蘭成年後，由於天生麗質而個性浪漫，且多才多藝，於是成了吳興文人雅士、浮浪子弟競相追逐的目標。而成長在方外道觀的季蘭隨著年齡增長，慢慢開始對異性有了青春般的萌動。

玉真觀地處偏僻，所以跟其他道觀比起來更加清淨，但是遊覽道觀的文人雅士也很多，並且經常與女冠交談。而在他們之中，總不乏風流多情的男性，當見到如此風華正茂且精通撫琴作詩的才女，難免想多交談一番，甚至趁機挑逗。然而李季蘭非但沒有拒絕，更是暗送秋波。正值青春年華的她，憧憬著外面世界的繁花似錦，心中對愛情渴望的種子已然播下，她寫道：「仰看明月翻含情，俯盼流波欲寄詞。卻憶初聞鳳樓曲，教人寂寞復相思。」

而在眾多文人雅士當中，李季蘭與茶聖陸羽的交往十分密切。不過他們始終也沒有超出朋友的界線。陸羽與她的相識應該是在季蘭年少之時，有人說他們是兩小無猜，也有人具體考證雙方之間的年齡，相差至少六歲，故而算不上兩小無猜等等。拋開這些撲朔迷離的傳說推論，至少有一點是可以確證的，那就是陸羽與李季蘭算是非常親密。一次李季蘭身染重病，遷到燕子湖畔調養，陸羽聞訊後，急忙趕往她的病榻邊殷勤相伴，日日為她煎藥煮飯，護理得悉心周到。李季蘭對此十分感激，病癒後特作一首〈湖上臥病喜陸羽至〉的詩作答謝，其詩云：

昔去繁霜月，今來苦霧時。
相逢仍臥病，欲語淚先垂。
強勸陶家酒，還吟謝客詩。
偶然成一醉，此外更何之？

作為一個女道士，李季蘭能得到陸羽如此熱情的關愛，心中自是感激欣慰不已。從她對陸羽的傾訴中可以看出，在她特別無助的時候，已經把陸羽當作依靠，對陸羽傾訴的語氣總不免讓人心生憐愛，這不是普通朋友之間的口吻。在季蘭病情恢復後，他們一起喝茶論詩、遊山玩水。季蘭為女冠，陸羽有佛緣，且終生未娶，兩人均為方外之士，因此有許多共同話題，可謂是志同道合。不過他們之間的情感只屬於友情。直到皎然和尚出現……

約在至德初年，彼時，季蘭約二十歲，而皎然則約二十五歲。早年的皎然曾到長安應試，但卻名落孫山，之後他無心功名，再加上撞上「安史之亂」，索性在潤州江寧縣長于寺出家為僧，從此用心參禪，過上遠離世俗的世外生活。安史之亂初期，皎然返回湖州故里，在這裡與許多北方南下的文士結為詩友，平日一起遊山玩水，烹茶品茗、互為酬唱，而皎然與陸羽的關係最為密切。季蘭也經常參與他們的酬唱活動，此外也由於陸羽的關係，季蘭與皎然的接觸也頗為頻繁。此時的季蘭正值春心萌動、對於愛情充滿遐想的年齡，而與之交往比較密切的兩位男子中，陸羽情趣高雅，但相貌平平；而皎然雖身為僧人，卻言談儒雅，英俊瀟灑，一下子俘獲了季蘭的春心，於是季蘭對皎然產生了一片相思癡情，並大膽地以詩相寄、表白心跡。季蘭是詩，題為〈結素魚貽友人〉，詩曰：

尺素如殘雪，結為雙鯉魚。
預知心裡事，看取腹中書。

在這首詩中，大膽而又癡情的季蘭，將「心裡事」假借「腹中書」向皎然和盤托出，並以鯉魚之「雙」含蓄地傳達出自己濃濃的愛意。季蘭為女冠，皎然是僧人，但她並不被現實的身分所拘束，這樣的舉動足可見季蘭的率性與執著。只不過感情需要你情我願，皎然和尚既為出家之人，對於季蘭的表白，他別具匠心地寫了一首〈答李季蘭〉：

天女來相試，將花欲染衣。
禪心竟不起，還捧舊花歸。

一句「禪心竟不起」明確地表達出皎然的態度，意思就是皎然內心「心如牆壁」、如如不動，故將季蘭的「腹中書」完璧歸趙。季蘭讀完皎然的詩，一滴眼淚落在詩稿上……不過，自此以後季蘭並沒有生恨，反而對皎然更加尊敬。她敬仰他那份四大皆空的閒適。也就在此時，皎然舊友閻士和來到了湖州。

閻士和，字伯均。也是一名詩人，為李嘉佑內弟，曾任判官於江州，與詩人皇甫冉、包何等交往頻繁。伯均與季蘭很久以前就已經相識，二人之間經常有書信往來。季蘭對皎然和尚的情感落空，便至潤州一帶找閻伯均，並同李嘉佑、皇甫冉等共同賦詩送閻伯均至江州。季蘭有詩句云：「相看指楊柳，別恨轉依依。萬里江西水，孤舟何處歸……唯有衡陽雁，年年來去飛。」

從季蘭對伯均的叮嚀與感嘆可知，他倆之間的情誼已經十分深厚了。令伯均到了江州也馬上寄詩予季蘭，而季蘭的〈得閻伯均書〉一詩表明，自己對他的感情已經不再是友情，更將閻伯均視為一位可以依靠的人，詩句中滿布她對閻伯均濃濃的相思依戀。詩云：

情來對鏡懶梳頭，暮雨瀟瀟庭樹秋。
莫怪闌干垂玉筋，只緣惆悵對銀鉤。

後來，閻伯均奉命由江州調職，故意取道湖州來與季蘭相見，並在此停留了很長的時間。居住湖州這段期間，伯均與皎然互相酬唱、飲酒賦詩，透過皎然，閻伯均更加熟知這位女人的心思，在此之後兩人關係愈趨親密，甚至詩中已有「妾」、「君」對稱的詞彙，實已近乎夫妻。

不過好景不常，閻伯均時而赴剡縣，時而赴江州，這讓李季蘭感覺他飄忽不定，內心湧上許多不安全感。而男方雖稱自己是被生活所迫，但是李季蘭卻擔心他處處留情，風流成性。然而季蘭的擔心不無道理，因為皎然就曾寫過：「今日同，明日隔，何事悠悠久為客。君憐溪上去來雲，我羨磷磷水中石。」這些詩句彷彿暗指閻伯均的多情。在皎然看來，閻伯均應該盡早結束與季蘭這段纏綿而看不到結局的愛情才是。

李季蘭這次對愛情的期盼又落了空，這其實不怪她。女子因為寂寞而需要依靠，對才子產生好感是理所應當的，但是這次她錯就錯在愛錯了人。閻伯均在仕途失意當下，與李季蘭你儂我儂、相互依賴，而當仕途一旦順遂，也就選擇了離去……

這樣的結局或許對於季蘭來講是好事，既然不能給她一個安穩的歸宿，那就應當乾淨俐落，免去拖泥帶水的情感帶來的苦痛。

在之後很長一段時間裡，季蘭重新回到了她的交遊生活，與眾陸羽、皇甫冉、劉長卿等文士遊山玩水、烹茶酬唱，倒也自由快活。這樣的生活很快地撫平了她情感的創傷。

不過，在與季蘭交遊的文士當中有一位名叫朱放的詩人，他是一名隱士，經過一番交談，季蘭發現他學識淵博、氣度不凡，深深受其吸引。之後他們便一起遊山玩水、撫琴品茗，日子過得十分快活，愛情的花朵也再次盛開。

按說，朱放本來是一名隱士，遠離世俗，寄居山水之間，這與一位女冠詩人還真是般配。李季蘭何曾未想過與朱放雙宿雙棲，白頭到老？然沒想到她之於他，只不過是生命中一個美麗而短暫的過客……

生命充斥著各種轉折與變化，原為隱士的朱放，在偶然的契機下謀得官職且必須離開季蘭，聽到這個消息，李季蘭心中雖有不捨，但仍抱著一絲希望。在其詩〈寄朱放〉

中可看出，季蘭和朱放離別後，盡是滿腹相思與惆悵，其詩云：「望水試登山，山高湖又闊。相思無曉夕，相望經年月。」在這段時間裡，季蘭無時無刻不在想著朱放，期盼著他有一天能夠回來看望自己。而且她相信這一天遲早會來臨。「別後無限情，相逢一時說」，所有的思念季蘭都攢在心裡，等哪天與朱放相逢後，將自己的相思之苦一併傾訴於君。

但沒想自離別之後，他們只能通過書信連接兩顆遙遠的心，相互寄情於詩，寫下「攜琴上高樓，樓虛月華滿。彈著相思曲，弦腸一時斷。」期盼著某天彼此再次相見。然而，遠去的朱放忙著官場上的爾來我往，哪裡顧得及觀中翹首而望的情人呢？

季蘭久盼朱放未歸，芳心無可寄託，說李季蘭傻，是無法反駁的。朱放失意之時，與她相伴相依，一旦得意了，便將之拋諸腦後，完全沒有顧及李季蘭的感受，雙眼只看到自己仕途的前景，卻忘了低潮時陪伴自己的情人。而朱放就是這樣的一個人，任由李季蘭為他承受相思之苦。

到這裡，或許對於一般人來講，經歷一次次挫敗，對愛情早已心灰意冷，更有甚者或許不再相信世間的美好。但李季蘭沒有，經歷了這些感情的挫折，她似乎愈發明瞭自己對愛情、對世事、甚至對人生的認識，更明確知道此生就應該像詩句般綻放在這片土地上。三十歲後，她彷佛已完全不受束縛，交友更廣闊，性格更開放，經常可見她與許多詩友相聚於烏城開元寺賦詩飲酒、談笑風生。她的詩名也隨之愈傳愈遠，甚至傳到了文人薈萃的廣陵。於是李季蘭的六首詩，被唐人高仲武選入《中興間氣集》，她是如此被描述：「形氣既雄，詩意亦蕩。自鮑照以下，罕有其倫。」可見李季蘭是被男性詩人所欣賞、贊同的，這也讓她出盡了鋒頭。《唐才子傳》也如此評論她：「夫士有百行，女唯四德。季蘭則不然，形氣既雄，詩意亦蕩。自鮑照以下，罕有其倫。」

在一次詩歌筆會，詩人劉長卿也參加了，聽說他患有疝氣，而詩歌筆會總是以女詩人為中心，因此大家毫無忌諱地開起了劉長卿的玩笑，只為博得李季蘭一樂。而李季蘭也不有所避諱，不但靠近劉長卿，還借用了陶淵明〈飲酒〉中的詩句與之玩笑：「山氣日夕佳，飛鳥相與還。」引得眾人大樂，而擅長五言近體詩，自稱「五言長城」的劉長卿也不發怒，只幽默地回了一句：「眾（重）鳥欣有托。」眾人鼓掌歡呼！

漸漸地，李季蘭詩名遠播，不只傳到廣陵，更是傳到了唐玄宗的耳朵裡。唐玄宗聽其詩名後，讀了幾篇，立刻產生興趣，特地下詔命她進京。此時的李季蘭已過不惑之年，美貌已被歲月磨損。接到詔書，既是高興，又是傷感。還特地作了〈留別友人〉一詩：「無才多病分龍鍾，不料虛名達九重。仰愧彈冠上華髮，多慚拂鏡理衰容。馳心北闕隨芳草，極目南山望歸峰。桂樹不能留野客，沙鷗出浦漫相峰。」心情複雜地趕往京都，最終卻因安史之未能進殿面聖。

歷經代宗、肅宗兩朝，季蘭已到遲暮之年。就在這個時候，德宗李適開始削藩，沒想到經過「安史之亂」後，本已穩定的長安再次陷入硝煙之中。大將朱泚發動叛亂，趁機占領長安，脅迫重臣，自稱大秦帝，德宗遂匆匆逃離。而此時的季蘭和眾多文士一樣，沒來得及逃亡，只好留在長安。朱泚則要求這幫文人為其賦詩，當然就少不了頗負盛名的李季蘭了，而此時的季蘭或許是出於對德宗朝廷的極度失望，或是因為叛將的脅迫，詩作內容全部都是對叛將朱泚的歌頌。在歷史上，朱泚畢竟連一代梟雄都稱不上，又怎麼可能改朝換代？

然而最後費盡力氣平叛，德宗終於回到了長安，大肆誅殺叛將餘黨。而李季蘭的行為則等同於叛國。盛怒之下的德宗將李季蘭召進宮中，大聲斥責道：「你既然是個詩人，怎麼就不知道嚴巨川的詩『手持禮器垂空淚，心憶明君不敢言』？」於是下令將李季蘭亂棍打死。

一縷香魂就此消散。站在時代面前，人的生命等同於螻蟻。是是非非說不清，是悲是喜道不明。然而，在詩壇，詩豪李季蘭代表了一個朝代的女性精神，是一名巨匠。

她的一生如同一朵薔薇的盛開與凋落……

魚玄機

我做夢，因爲
我能承擔得起我的生活

她是一隻彩蝶——是一隻在世間諸多不公、不幸的擠壓下羽化而成的彩蝶，她以她的才情，以這世間給予她的諸多不公、不幸為雙翼，飛向了一個更為廣闊的世界，一個能讓她的心靈得以安頓的世界。

或許在世人眼中，她的一生是充滿悲劇意味的。她風姿綽約、充滿才情，在面臨愛情婚姻的諸多不幸時選擇了抗爭；她選擇離開不屬於她的愛情，選擇了出世，成為一名女冠。而這種抗爭帶來的結果，卻是被後世某些「道學家」們稱之為「亂禮法」而大加鞭笞，為那些正統歷史記錄者所不容。但這些評判對於一個要尋找自己心靈安寧之地的人又算得了什麼？不過是這世間諸多嘈雜聲響的其中之一罷了。於是，在遠離不幸婚姻的桎梏之後，她真正讓自己的才情得以爆發，而爆發出的才情堪比當時文壇佼佼者，後世評之「劉文芳、盧允言輩，亦未易臻。李義山能為之，而玄機可與之匹」，對於一個身處男性話語權時代的女子而言，能得到這樣的肯定是多麼不易！

唐代是一個女性意識萌發的時代，是一個女性逐漸崛起的時代。游牧民族的胡人文化對於唐人影響極大，使得唐人具有一種豪俠氣質，這種氣質讓唐代在對待女性時也有別於過往歷史。他們對於女性更為寬容，更為開放，給予她們更多的自由。在《唐代婦女地位研究》中有這樣的表述，唐代由於社會開放，科舉制度繁盛，文化教育普及，社會各階層對於女子的教育都較為重視，並盡可能創造條件讓家中的女子讀書學習。這可以說是過往朝代所從未出現過的景象。而武則天五十年專權使得長達千年之久的父系社會受到前所未有的衝擊。而唐代佛道兩教興起，也為這些女子們提供了一個可以接觸到更為開闊的精神世界，唐代女子不再甘居深閨高閣，她們開始與文人士大夫們交遊，開始大膽表露張揚女性的個性、魅力，以下棋、彈琴、吟詩作賦為樂事，因此唐朝的女性詩人也漸漸融入當時的文人圈。宋代《唐詩紀事》中便出現了四十餘位女詩人，元代《唐才子傳》記錄下二十七位女詩人，而清代的《全唐詩》收錄的名媛詩多達一百零七家，可見唐代女子在當時文壇的活躍程度，而說起唐代女詩人又不得不提其中一個較為特殊的群體，那便是「女冠詩人」。她們用手中的筆、胸中的墨，為我們描繪出一個迥異於男性眼中的世界。

在這群女冠詩人中，成就高者當屬魚幼微。然而，正如先賢所言「大凡物不平則鳴」，她這番成就的取得，背後便是對世道不公、對於自身不幸命運的抗爭。大唐盛世，多麼華美的一個詞，但即便是這大唐盛世，也有著抹不去、消不掉的陰影徘徊。在別人眼中的大唐盛世，對這樣一個極富才情的女子卻展露出猙獰的一面，裹挾著她走向一個悲劇性的命運，但同樣也是這個時代又為她提供了一次機會，一次與不公命運抗爭的機會，關鍵在於她是否願意去選擇抗爭……為了愛、為了幸福我願放棄我的一切——這怕是出閣後魚玄機最初的內心獨白。

色傾城、思入神、性聰慧的玄機在十五、六歲之時便嫁與了當時的狀元補闕（唐代諫官名）李億為妾。婚後生活對於兩人而言都是充溢著幸福的，他們給予了彼此生活更多的色彩——即便是玄機在此時只是一個「外宅婦」。當時的李億已經有了正妻，也許李億曾經是想將她接入家中一同生活，但遇到一個「妒不能容人」的夫人，也只能將玄機另安排在他處別院之中。年少的玄機並不計較，在她看來這些委屈、這些別離、這些不公相較於那甜蜜的幸福又算得了什麼？她相信那個男人能夠給予她所渴望的幸福。於是她隱忍，隱忍著孤獨；她忽略，忽略施加在她身上的不公；她隱藏，隱藏起對他的所有思戀，只是日日盼望他的到來。沒想到，她等來的竟是一張涼席，這涼席也僅僅是李億派人送來的，可也足以讓她感到高興、快樂，與幸福。涼席隨即被魚玄機鋪在了床榻之上，她獨自感受那絲清涼與伊人心中對她的關懷，少女的羞澀讓她無法直白地表達愛意，表達對他的思戀，於是她便藉著涼席，用自身才情賦詩一首：「珍簟新鋪翡翠樓，泓澄玉水記方流。唯應雲扇情相似，同向銀床恨早秋。」此詩首句中「珍」、「新」二字便已道出了心中的喜悅之情，是心愛之人在惦念我，送我這張涼席，我便迫不及待將它鋪在了床榻之上；而在三四兩句詩中則用了一個典故——班婕妤失寵後所作〈怨歌行〉。班婕妤在此作這樣寫道：「新裂齊紈素，鮮潔如霜雪。裁為合歡扇，團團似明月。出入君懷袖，動搖微風發。常恐秋節至，涼飆奪炎熱。棄捐篋笥中，恩情中道絕。」而在魚玄機的詩中則是將「珍簟」與「雲扇」相比，化用了班婕妤的「合歡扇」，也許在此時，她已隱隱感到一絲隱憂，一絲惶恐，惶恐有朝一日也如班婕妤一般被心愛之人所拋棄。不幸的是竟一語成讖。魚玄機還在癡癡地等待著李億，還在為李億獨自品味著別離的痛苦、寂寞。隨後便又為他寫下了〈春情寄子安〉：

山路欹斜石磴危，不愁行苦苦相思。
冰銷遠澗憐清韻，雪遠寒峰想玉姿。
莫聽凡歌春病酒，休招閑客夜貪棋。
如松匪石盟長在，比翼連襟會肯遲。
雖恨獨行冬盡日，終期相見月圓時。
別君何物堪持贈，淚落晴光一首詩。

她與她心愛的李子安相約在中秋月圓之夜相會，而自此分別之後，她似乎再也沒能見到伊人。但此時的魚玄機卻並未察覺，依舊在等待著、期許著下一次的會面，〈情書寄李子安〉所描繪的就是這樣一種情懷：

飲冰食蘗志無功，晉水壺關在夢中。
秦鏡欲分愁墮鵲，舜琴將弄怨飛鴻。
井邊桐葉鳴秋雨，窗下銀燈暗曉風。
書信茫茫何處問，持竿盡日碧江空。

相思帶給她的煎熬讓她即便是「飲冰食蘗」都不起絲毫作用，她的內心煎熬著，她怕了，怕再也見不到心中所思所念之人。可事實給予她的回答就是書信茫茫無處問，不僅見不到，甚至連一封書信都再也沒有收到過。她所害怕、所恐慌的事情最終還是變成了現實——一個讓她無法接受的現實。

儘管如此，癡情的魚玄機還是思念著他，她在〈隔漢江寄子安〉和〈江陵愁望寄子安〉兩首詩中繼續表達著她的相思之情，可一切都已無法挽回，最終她絕望了，「醉別千卮不浣愁，離腸百結解無由。蕙蘭銷歇歸春圃，楊柳東西絆客舟。聚散已悲雲不定，恩情須學水長流。有花時節知難遇，未肯厭厭醉玉樓。」（〈寄子安〉）此時深感絕望的她還是心存僥倖，也許人與人之間的情感會像水流一般，不會輕易被斬斷。可對於李子安而言，魚玄機不過是他的一個妾，這對當時眠花宿柳成風的唐文人，是一個無足輕重可以隨時拋棄的對象。苦苦依戀、維繫的感情最終走向無疾而終的結局，魚玄機的心終於徹底死去，她將內心種種不滿，以及這世間的不公全都化作了〈贈鄰女〉（又名〈寄李億員外〉）一詩：

羞日遮羅袖，愁春懶起妝。
易求無價寶，難得有心郎。
枕上潛垂淚，花間暗斷腸。
自能窺宋玉，何必恨王昌？

「易求無價寶，難得有心郎。」一個女子呼喊出這樣的聲音，該讓多少似李億一般薄情寡義之人感到汗顏，看看這所謂的大唐盛世之下的男子們，有幾個是重情重義之人?!也是在這首詩中，魚玄機喊出了一句頗受後世爭議的「自能窺宋玉，何必恨王昌？」——多才貌美的女子自會有人欽慕，無心之人也無須為之追悔，男子既已無情無義，我亦可另覓所愛。只有自立自強才會追尋到屬於自己的真正幸福，才能安頓這顆「真心」。而此詩句之所以受到爭議，只因為這是一種挑戰、一種抗爭，甚至對正統禮法的不屑，而在那個時代看來，女人卻不過是男子的附庸而已。

其實對於魚玄機而言有兩條路可走，一是繼續隱忍，消磨掉自己的才情，消磨掉自己所有的稜角，做一個世人眼中合格的「妾」，一個地位只比婢女略高的妾；另外則是割捨這段讓她倍感痛苦的婚姻，選擇一條她自己想要走的路。最終她選擇後者，走進了道觀，這也讓她走向新生，變得不再平庸。在《觀物文學史叢稿——唐代女詩人》一書中是這樣論述道教對於這些不幸女子的作用：「道教在唐是最尊的宗教，那『清靜無欲』的老子被高宗尊為玄元皇帝，《道德經》也就被尊為聖經。其實當時的道教也還就是道其所道，不是老子的道教，而僅僅是嚴格的儒家禮教的發動。只有道教是在禮教之外，不受禮教約束，而一般有知識被壓迫的女子便假此為護身符，以取得其戀愛的自由。」

在這裡她獲得更大的自由以及自主權，從此心靈也得到了安寧。曾被牽絆壓抑的情思、才思在此時得到昇華。修道的日子讓她開始思考生命中最為本真的意義所在，也將自己的視野投向更為廣闊的生命空間，〈寄題鍊師〉中她描繪了霏霏細雨，〈題隱霧亭〉更是將春花秋月入詩，〈愁思〉一詩更是寫出「放情休恨無心友，養性空拋苦海波」、「布衣終作雲霄客，綠水青山時一過」，詩中所透露出那種徜徉山水，對自由、對無拘無束生活嚮往的情懷，讓我們也不得不為之感慨。這在以往也是只有男子才敢追求的生活。

雖然經歷了那樣一段令她痛苦，令她刻骨銘心的情殤，但魚玄機沒有因為那些曾經受到的傷害而停滯不前，而退縮。與之相反她變得更為大膽，成為女冠之後，她的才情吸引了大批文人與之交遊，而在這些文人之中她也在尋覓著她的歸屬之處。這期間她寫下不少大膽追求愛情、追求幸福的詩句，在〈和友人次韻〉中她寫道：「何事能銷旅館愁，紅箋開處見銀鉤。蓬山雨灑千峰小，嶰谷風吹萬葉秋。字字朝看輕碧玉，篇篇夜誦在衾裯。欲將香匣收藏卻，且惜時吟在手頭。」而在〈次韻西鄰新居兼乞酒〉中更是大膽地寫出了「河漢期賒空極目，瀟湘夢斷罷調琴。況逢寒節添鄉思，叔夜佳醪莫獨斟」的詩句。而那些得到她期許的男子，此時卻畏首畏尾起來，不敢去面對她，著實令人感到可笑。

除此之外，民間還流傳著她與大才子溫庭筠的故事，這些民間故事不一定全然真實，但是足見魚玄機的影響之大。相傳魚玄機少年好學，很早便已有了驚人才華。一個女子有如此驚人的才氣，在崇尚詩歌的唐代已經算得上是一則大新聞。而對同為詩人且同樣才華卓著的大才子溫庭筠來說，耳聞之餘定然是十分想見一見這位女詩人。

當時魚玄機一家生活貧苦，然而身在教坊卻仍然出淤泥而不染，這讓慕名而來的溫大才子很是感動。他有心一試魚玄機的才華。溫庭筠即以自己來時路上柳絮飛舞的景象出題〈江邊柳〉，讓魚玄機作出一首詩來。這其實很有些刁難意味，因為此時的魚幼微才不滿十三歲。當我們十三歲，還是處於彈著玻璃珠玩耍的年紀，讓她來賦詩真有些無禮。可是對魚幼微而言這並非難事，她只需構思一會兒，便當場作出詩來交給溫庭筠。而幼微的詩果然不凡，這讓溫庭筠從心底喜歡上這位小才女。

經歷此事之後，溫庭筠就經常來到魚家，他可不同凡俗，十分樂於指導魚幼微作詩，想到就作，也算是隨興而為。而溫庭筠與魚幼微的關係也逐漸發生改變，魚幼微尊敬、愛慕他的才華，他也喜歡魚幼微的聰穎、活潑。兩人的關係亦師亦友，也情同父女，但這時正是少女情竇初開的年紀，溫庭筠突然到來，闖進小女孩的世界之中，魚玄機的世界開始悄悄有了變化。

世事無定，作詩，不能當飯吃，亦不能讓溫庭筠實現心中抱負，所以他在與魚幼微相交不久之後便離開了長安，於小女孩情竇初開之時遠赴襄陽。在那裡，他當了刺史徐簡的幕僚。而後仍與魚玄機多次互贈詩篇，這段佳話不知被後人傳誦過多少遍。而這種小兒女眼中的浪漫，後來卻為魚玄機帶來許多罵名。唐懿宗咸通元年，溫庭筠又離開襄陽回到了長安。魚玄機非常希望溫庭筠是回來娶她去做溫夫人的，但事實並非如此，溫庭筠雖然回到了她的身旁，與她卻還是以師生關係相處，並無半點逾越。

面對這樣一份相愛卻不能在一起的愛情，魚玄機只能暗自神傷。她不能為自己的命運作主，她不能要求溫庭筠什麼，因為對於一個在政治上還有追求的人來說，不可能迎娶自己這樣一位地位貧寒的女子。而她也沒有辦法衝破禮教和與自己有著師徒名義的老師，來一場轟轟烈烈的愛情。魚幼微生為女兒身，便是她的悲苦，她就算苦悶徬徨，亦無法改變體制的缺陷，難以對抗沿襲了千年的世俗觀念，所以她唯有自傷，唯有嘆惋，卻不能真正地實現理想。

也因為她是如此大膽地追求愛情、追求幸福，便被後世的道學家們冠以「淫蕩」、「亂禮法」之名而大加鞭笞，然則對於那些不懷好意之徒她是決然拒之的。她以〈感懷寄人〉表明了自己的心志：「恨寄朱弦上，含情意不任。早知雲雨會，未起蕙蘭心。灼灼桃兼李，無妨國士尋。蒼蒼松與桂，仍羨世人欽。月色苔階淨，歌聲竹院深。門前紅葉地，不掃待知音。」好色之徒只管去尋花問柳，去找那些豔麗的桃李，我自做我的桂松，只待知音到來。

她是一隻彩蝶——是一隻在世間諸多不公、不幸的擠壓下羽化而成的彩蝶，她以她的才情，以這世間給予她的諸多不公、不幸為雙翼，飛向了一個更為廣闊的世界。承擔起所要承擔的，它就像羽翼一般，我們能感受到它所給予我們的重量，但同時也能讓我們得以展翅翱翔。

江朶萍

比血光更加冷冽的是孤獨地老去

對於大多數人來說，乞憐求榮要好過貧寒破落，卑微苟活總好過飄零坎坷。而對於一個真正嚮往自由的人來說，比血光更加冷冽的是孤獨地老去。而比孤獨更加讓人不齒的是喪失自己的人格。

自古以來就有「伴君如伴虎」的說法，臣下侍奉君王，稍有不慎就會招來殺身之禍。而對於皇帝身邊的女人來說也是如此，只不過這些後宮佳人感受到的是「薄情猛如虎」。後宮，在古代就是三千佳麗之間無聲的戰場。這個戰場上不會經常出現身首異處的災禍，但是比血光更加冷冽的是孤獨地老去。

每個皇帝都有三宮六院，不管這個皇帝是好男人還是壞男人，即使「三千佳麗」只是個虛數，但數量也不會太少，那麼多女人爭奪一個男人，想想就覺得十分慘烈。女人的姿色和容貌固然是硬體資源，但智慧才學、手段權謀也是極其重要的。身處後宮之中，這「爭」字，是必備的生存技能，這「寵」字，是最高的價值實現。為了爭寵，這些「佳麗」各施手段，其間鉤心鬥角，波折詭譎之處，更有甚於朝堂之上的爾虞我詐，常常有慘絕人寰的事情發生，實在不足為奇。

然而，在大明宮這座當時中國最繁華的宮殿，卻有一位不掩鋒芒卻不貪富貴、不吝真心卻又不爭恩寵的奇女子。她是一位才女，然而卻沒有恃才驕矜。她是皇帝的女人，卻又心性淡薄，不貪不癡。在她看來，愛情若是來到她面前，她一定會敞開心懷、不顧一切；若是愛情離她而去，她也絕不自怨自艾、卑膝乞憐。她的一生通達知命，雖然命數未得善終，靈魂卻安然歸去。

說到唐玄宗李隆基，可能歷史上再也找不出第二個像他這樣經歷過那麼多人生起伏的皇帝。李隆基出生時還是皇子，沒過幾年就成了一個普通人。幾年過去，當他奶奶抓過大明宮裡的那把椅子，自己一屁股坐了上去，又無奈地起身之後，自己的叔叔伯伯、姑姑嬸嬸、兄弟姊妹一大堆人都搶上前去，圍在了那把椅子前面你爭我奪，砍砍殺殺。李隆基二話沒說，提著長劍，也悄無聲息地混了進去。就是這個誰都沒放在眼裡的毛頭小夥子，悶著頭一刀一個，乾淨俐落地結束了這場鬧劇。就連父親李旦都沒有想到，自己家的三小子，什麼時候變得那麼厲害了。

唐朝真是一個可以讓每一位英雄豪傑都能大展身手的時代，而像李隆基這樣的人物，生來就是為了給歷史帶去意外。當人們都以為他將要成為一位比肩唐太宗的偉大君王時，這個時代的驕子又給了歷史一個意外。任誰都想不到，上半生如此輝煌完美的盛世開創者，下半生卻會變得那麼窩囊荒唐。李隆基愛他手上的權力，愛他懷裡的女人，也愛這個他一手創造出來的盛世，沒想到他最終也迷醉在自己的盛世之中。

西元七三七年，唐玄宗最寵愛的武惠妃去世了，因為愛妃的去世皇帝整日鬱鬱寡歡。此時「開元盛世」成形，整個帝國一片繁榮，武則天退位之後的政治混亂早不復存在。殺伐果斷、勵精圖治的玄宗皇帝已經步入中年。帝國以及皇權的敵人都被埋進黃土之中，大唐天下重獲太平，李氏光輝又在東方世界裡重新閃耀。李隆基這個從小並沒有享受過太多皇室尊崇，曾經過著朝不保夕、提心吊膽日子的沒落皇子，如今已經成為這個帝國最有權、最富有之人。於是，一股驕奢的欲念在他心中被掌握權力的快感釋放出來。其實武惠妃和之後的楊玉環一樣，在李隆基眼中，都不過是一件珍寶而已。對於珍寶的失去，他感到痛惜，但是他同樣可以用另外一件珍寶來代替這種缺失。短暫悲傷過後，皇帝陛下就迅速開始讓人物色帝國裡最具美貌智慧的女人，來愉悅自己驕傲和躁動的心。

皇帝身邊的太監總管高力士就成了完成這項使命的最佳人選，不僅因為他大內總管的身分，還因為他對這位皇帝的了解，以及他內心裡那股想要用自己生命去取悅皇帝的諂媚之情。高力士領著一道聖旨，以巡視各地官員的欽差大臣身分在整個唐帝國內開始一場風風火火的尋美行動。皇帝在高力士臨走前給了他四個標準，這四個標準看起來不難，只有十六個字，那就是：才貌雙全，知書達禮，性情溫婉、清秀脫俗。

然而這十六個字卻又著實不容易，皇帝的眼光哪能是那麼簡單？這十六個字就像一根皮鞭，抽打著高力士馬不停蹄奔走在帝國內的各個美女之鄉。

到底是皇天不負苦心人，高力士在正經的國家大事上只能搗亂添堵，可是對這些吃喝玩樂的事情卻是十分在行。在他夜以繼日的努力下，終於有福建節度使來彙報，說是他的治下有個女子可能符合高公公的要求，她叫江采萍，不僅是個大美女，而且有德有才，還是個詩人呢！聽到這個消息，高力士立馬親自趕往福建，想要會會這位在福建節度使口中秀外慧中、才貌雙全的女詩人。見到江采萍第一面，高力士心裡那塊石頭就落了地，他知道，眼前這位清新脫俗的美貌女子一定是玄宗皇帝的菜。看到高總管滿意的眼神，福建節度使便開始得意地在高力士耳邊講起這位姑娘的身世。

江采萍出生在一個醫道世家，家中殷實富裕，父親江仲遜還曾有過功名，在當地算得上是書香門第。江采萍從小就很聰明伶俐，開明的父親也親自教她讀書識字、吟誦詩文。因此江采萍不到九歲就能背誦《詩經》中記載周文王后妃事蹟的〈周南〉和〈召南〉兩部分詩，並對父親說過，自己雖然是女子之身，卻一定要以周文王的后妃為榜樣。她在十四歲的時候，就已經很擅長吟詩作賦，並十分崇拜晉朝才女謝道韞。除此之外，江采萍還精通琴棋書畫各種技藝，到了十六歲已經出落得丰神楚楚，再加上平日喜好淡妝雅服，又在父親的教導下飽讀詩書，江采萍小小年紀就兼具醫者的良心與儒者的修養。

開元年間的大唐，那股盛世的剛健還未曾消退。李唐皇室依然是這個世界上最值得尊敬的家族。雖然江采萍生性淡薄，但是對於一個女人來說，能嫁入這樣一個大家族，也是一件人生幸事。而振興李氏王朝，再創大唐盛世的李隆基，無疑也是當時最傑出的英雄。於是江采萍帶著滿心期待，以及家族的期盼，踏上了往大明宮的路。坐在皇家馬車上的閩南少女，一定對自己的未來充滿幻想。想必長安城的城牆一定是雄偉非凡吧？想必那大名鼎鼎的大明宮一定有著極致繁華吧？想必那個英武的男人一定會喜歡自己的吧？……

江采萍體態清秀，好淡妝雅服。不僅長於詩賦，還精通樂器、善歌舞，是個才貌雙全的奇女子。這對唐玄宗來講，幾乎就是武惠妃的翻版，所以江采萍也迅速受到皇帝的寵愛，被封為「梅妃」。江采萍雖入了宮，卻還如以往在家中一樣，除了有時候要陪伴李隆基一起欣賞歌舞昇平，其他的時間都是待在自己宮裡讀書練琴。這一點就讓她與後宮其他妃嬪們自然有所不同。在她心裡，她是皇帝的妻子，同時更是那個傾心詩書的江采萍。也正是這股脫俗和淡雅，讓玄宗對她另眼相待。

玄宗皇帝，在這時候還是一個豪爽大氣、英武明達的賢君。他對自己的皇族親戚們很好，常常跟兄弟子侄在大明宮裡聚會豪飲。李商隱有首詩就這樣描寫了某次聚會：「龍池賜酒敞雲屏，羯鼓聲高眾樂停。夜半宴歸宮漏永，薛王沉醉壽王醒。」大詩人李商隱在這首詩裡不僅記敘了宴會的歡愉和華貴，還大膽詼諧地記錄了一樁李唐皇室歷史上的風流公案，而這個公案就藏在「薛王沉醉壽王醒」這句詩裡面。而此一公案的女主人公，就是梅妃江采萍。

有一次，玄宗皇帝又在宮內宴請自己的兄弟，宴會上大夥酣暢淋漓、熱鬧非凡。因為都是自家親戚，玄宗便命自己寵愛的妃嬪們一道參與此次宴會。唐代的女子大方豪爽，而且又是在自己人的宴會上，這敬酒划拳等酒宴遊戲自然是少不了。而才情俱佳、美豔動人的梅妃，自然成了宴會上的焦點。此時，梅妃也落落大方地與眾位兄弟子侄們推杯換盞，歡飲觥籌。

玄宗的侄子薛王李知柔正是血氣方剛、初出茅廬的年紀。雖然從小就是貴族，但是畢竟年紀小、見識少，他哪裡見過像梅妃這種仙人般的人物？加上這六七分的酒醉，在醉意朦朧中，見梅妃前來敬酒，忍不住色心大起。史書上記載，敬完酒之後，薛王用腳去蹭了梅妃的腳，這可是赤裸裸的調戲非禮啊！這位薛王膽子可不是一般的大，竟調戲自己的嬸嬸，更重要的是這位嬸嬸還是皇帝的女人。被侄兒非禮的梅妃自是心中大怒，然而她卻沒在宴會上當著眾人的面大肆聲張，而是對皇帝謊稱身體不適，匆匆離開現場。

到了第二天，酒醒之後的薛王想起了昨晚發生的事情，頓時發現自己闖下滔天大禍，於是趕忙進宮向皇帝叔叔請罪。聽完薛王的請罪，李隆基壓抑住自己的怒火，故作寬容地原諒了跪在面前這個荒唐無賴而又驚恐萬分的侄子。當晚，玄宗皇帝親臨梅妃住處，責備她沒有當場告訴自己這個不肖侄子的劣行，如果梅妃告知，自己就能夠將這個混蛋侄子當場斬殺。聽完玄宗的話，梅妃面露悲傷，對玄宗皇帝說：「薛王是您的侄子，他的父親是您的兄弟，兄弟，就如手足一般，再說薛王年紀小不懂事，而且他也沒有犯下太大過錯。如果因為此事就將他處死，豈不是增加了兄弟之間的仇恨嗎？」聽到這番話李隆基心中大悅，深感面前的梅妃深明大義，李唐王朝從開國到傳至他手已經一個多世紀，皇室成員間的權力鬥爭卻一直都沒有停止過。這個女人心性純良，她知道平息紛爭、消弭禍端，真是不可多得的賢內助。

從這件事中，我們不難看出，梅妃有智慧、知大義，頗有當年長孫皇后的風範。如果她的男人是太宗皇帝那樣的真英雄，梅妃或許能夠成就一番夫唱婦隨的賢后傳奇。然而，沒想到另一個女人的出現，讓江采萍的命運發生了巨大改變。這個女人就是楊玉環，楊玉環比江采萍要小九歲，玄宗皇帝第一次見到楊玉環時，是在江采萍進宮的第三年，也就是西元七四〇年。這時候的楊玉環，還是玄宗皇帝的兒媳婦。玄宗皇帝當然不好意思馬上去霸占自己的兒媳，於是他下令以為母親竇太后祈福的名義，敕書楊玉環出家為女道士，道號「太真」。

江采萍一開始並沒有在意楊玉環這個小丫頭，精力旺盛的皇帝想要新納一個妃子，這是再正常不過的事情。而且，此時江采萍剛剛三十歲，正是一個女人最黃金的年齡。在入宮三年裡，她得到了皇帝的萬般寵愛，她相信，這個男人會對她好一輩子。在此之後，梅妃也確實享受了幾年好時光。然而好景不長，玄宗皇帝開始漸漸疏遠了梅妃，也疏遠了後宮裡的其他妃嬪，直到天寶四年，楊玉環被封為貴妃，整個大明宮似乎只剩下了一個女主人。

這一年梅妃三十五歲，她進宮已經八年了，本以為玄宗這位當世英雄會愛她一輩子，至少會敬重她、保護她一輩子，而楊貴妃的存在卻讓她的幸福漸漸走遠。即使梅妃心性再淡泊，此時此刻也是滿懷愁悶、抑鬱寡歡。愁悶之下，江采萍寫下了一首詩：「撇卻巫山下楚雲，南宮一夜玉樓春。冰肌月貌誰能似，錦繡江天半為君。」這其實是江采萍對李隆基有些委婉的「抗議」：陛下，恭喜您又為後宮增添了一位肥碩的大美人。但是聽說她的來歷很不簡單，陛下您真是雄才大略，魄力也遠超常人呢，我祝你們過得幸福。

正所謂世事之俯仰不齊，對於女人來說，再大的恩寵只不過是男人為自己玩樂埋單的籌碼而已。而男女之情在男性社會的綱常之下，只不過是一場以男性為主導的風月遊戲。所謂的真情更僅是男人對魚水之歡的眷戀，以及衰老之身對青春生命的癡迷。聰慧的梅妃何嘗不知道這一點，然而她出身寒微，而又生性倔強、不喜爭鬥。看著榮寵和恩愛離自己遠去，一個生命裡只有一個男人的女人，又如何能不絕望和痛楚呢？

想著自己進宮來這幾年的時光，梅妃心中妒火難平。一氣之下，她差人將這首詩送給了李隆基，李隆基看到詩作之後，心中自是充滿惋惜和憐憫。然而怎奈這時候玄宗皇帝身邊的女人是一個風月場上的遊戲高手，只要略施手段就讓玄宗皇帝忘掉了這件事情，繼續沉浸在她的柔情之中。楊貴妃很懂得如何取悅男人、如何挑起男人的興趣，如何撒嬌、如何經營這場遊戲。在搞定玄宗皇帝的情緒之後，楊玉環更私下回敬了梅妃一首詩：「美豔何曾減卻春，梅花雪裡減清真。總教借得春風草，不與凡花鬥色新。」楊玉環這話說得算是夠惡毒的了，她自比鮮花，又說梅妃已是「減清真」，實際上意謂她早已人老珠黃。

梅妃給皇帝寫的信，居然是楊玉環回的，而且還招來了夾槍帶棒的一番羞辱。這讓梅妃江采萍徹底的心寒了。江采萍是一個單純的人，雖然她只是寒門出身，雖然她也曾得天恩隆寵，但是她仍是一個內心倔強清高，不願意去爭榮鬥寵、曲意逢迎的人。如果唐玄宗還是那個在開元年間勵精圖治、心懷社稷的英武帝王，那麼他定能賞識和懂得梅妃的品性和德行。但此時的唐玄宗，只不過是一個沉溺於聲色犬馬之中的至尊紈袴而已，他當然不需要一個像長孫皇后般的賢明妻子來輔佐他、監督他，他需要的只是一個能讓他忘卻世間一切瑣事、能全心沉浸其中的玩物。其實這才是梅妃命運的悲哀所在，梅妃並沒有輸在楊玉環手裡，而是敗在了一個英雄的遲暮之中。

這件事情之後，梅妃基本上就再也沒有好日子過了。熟諳權術、好爭輸贏的楊貴妃更沒辦法容忍梅妃的存在。於是夾雜在嬌蠻之中的讒言，融入了柔膩的中傷，在玄宗那顆只為春光而蕩漾的心胸裡，全成了楊貴妃恃寵而驕、放肆無忌的籌碼和理由。不久，榮寵一時的江采萍就移居上陽宮，相當於徹底退出了後宮爭鬥的舞台。

直到四年後的一天，三九寒冬，漫天飄雪，興致勃勃的玄宗皇帝特意召了一些大臣進宮與自己一起踏雪尋梅。看這漫天飛雪和滿園盛放的紅梅，玄宗不知怎麼的突然想起了久居冷宮的梅妃。他可能記起來，自己還曾經為梅妃種過梅花。而與梅妃的點點滴滴也伴隨著淡淡梅花清香，浮現在腦海中：她最喜歡的是梅花，自己還讓人在她居住的宮殿門外種植了數株。玄宗皇帝甚至為她寫了「梅亭」的匾額，江采萍在梅花前流連，癡迷梅花而不肯離去，李隆基倒也算是個雅人，還曾戲稱江采萍為「梅精」。於是這股由思念而生的憐惜，讓皇帝陛下愧疚不已，他立即下令命人給梅妃送去了一斛珍珠。

這一斛珍珠，以現代單位來算，大概是六十公斤，這麼多的珍珠，對於一個被冷落已久的人來說，可以算得上是巨額賞賜。然而，此時的梅妃不管是年齡上還是心理上，都無意去爭什麼恩寵了。更何況，就算是當年的梅妃也無意爭寵，再加上她一副傲骨，最後竟拒絕了皇帝的賞賜，命人將這一斛珍珠送了回去。並給玄宗皇帝寫了一首〈謝賜珍珠〉。她在詩中寫道：

柳葉雙眉久不描，殘妝和淚污紅綃。
長門盡日無梳洗，何必珍珠慰寂寥！

梅妃其實是愛著李隆基的，只是她並不善於逢迎皇帝，甚至有時寫詩指責，可是她對玄宗的感情卻是真誠的，如和風細雨。若論爭寵江采萍自是不如楊玉環，可是真要比起才情品性，梅妃還是要高出楊玉環一籌。對於梅妃此一舉動，玄宗皇帝不僅沒有責怪，反而還在心裡生出一絲愧疚。之後李隆基頻頻對梅妃示好，可是畢竟梅妃這時已經步入中年，而且沉浸在書香琴韻之中，已然對繁華的宮闕沒有了多少眷戀。

不久，安史之亂爆發，玄宗出逃，倉皇中逃亡的唐玄宗果然沒有帶上梅妃。相傳梅妃歿於亂軍之中，也有傳說梅妃從此流落天涯。對於唐玄宗來說，梅妃的出走就像禁宮中走失的舞馬一般，只不過失去了一件珍寶，而梅妃卻從來都沒有後悔走進這座繁華的宮闕。很多人對梅妃的際遇扼腕嘆息，也有很多史家從歷史證據的層面質疑梅妃的存在。然而當歷史的傳說，把這位卓絕女子的形象置於人們面前的時候，她已然將我們打動。

在一般人心中，都會感嘆江采萍最後歿於亂軍之中的悲慘命運，而對於江采萍自己來說，比血光更加冷冽的是孤獨地老去。大多數人皆認為，乞憐求榮要好過貧寒破落，卑微苟活總好過飄零坎坷。而對於一個真正嚮往自由的人而言，比血光更加冷冽的是孤獨地老去，而比孤獨更加讓人不齒的是喪失自己的人格。

輯三

宮苑深幾許

幸運是一種默默
的努力

冼夫人

女人也可以掌握權力

冼夫人並未生在唐朝，可是她身上的氣節和個性卻是大唐女性才有的；若是冼夫人生在唐朝，那麼想必擁有武則天的大唐朝堂定不會再覺寂寞。

馮冼古烈婦，翁媼國於茲。
策勳梁武後，開府隋文時。
三世更險易，一心無磷緇。
錦繖平積亂，犀渠破餘疑。
廟貌空復存，碑板漫無辭。
我欲作銘志，慰此父老思。
遺民不可問，僂句莫余欺。
爆牲菌雞卜，我當一訪之。
銅鼓壺盧笙，歌此送迎詩。

這是蘇軾晚年被貶嶺南儋州時，在儋縣寧濟廟寫的〈和陶擬古九首之五．詠冼廟〉詩，此詩在歌頌冼夫人的歷史功績，同時感懷自身而表達了對冼夫人的崇敬之情。

詩之文意，概述了冼夫人在海南封地親歷梁、陳、隋三個朝代的變換動亂和傾覆更迭，但仍一心固守為國為民之本色，多次平息叛亂，最後手捧犀杖遵從陳主遺令，解除部落的疑慮，毅然歸隋的史實。接著描寫冼廟的破敗蕭索和詩人欲為冼夫人作銘聊慰父老鄉親之思的不可行。詩人目睹為紀念冼夫人而建的廟宇還矗立著，但卻長久無人問津，殘存的石碑字跡已模糊不清了。想作銘文告慰當地父老憂思之情卻連知悉的後人也無法尋覓打聽，看來也不能憑空杜撰詞句來自我欺騙。最後，詩人表示要奏起當地最隆重的樂器銅鼓、葫蘆笙歌來拜祭冼夫人。作者高度讚揚了冼夫人在海南開幕府的不朽功業，用澎湃的激情歌頌了冼夫人在梁、陳、隋三代忠心護國，傷悼冼夫人被歷史和民間遺忘的廟空碑殘，感懷自身為國忠心耿耿卻一貶再貶，憤然作詩祭拜，表達自己對冼夫人無限的景仰和抒發忠臣見棄之情。

那麼，詩人為何對冼夫人及其英雄事蹟進行謳歌與讚美呢？首先，我們要去了解冼夫人到底是何許人也，她究竟有哪些英雄傳奇事蹟為歷史、詩歌、民間青睞和崇拜？或者說她是怎樣一步一步完成由女人向女英雄再到女神的轉變呢？

冼夫人（西元五一二—六〇二年），名英，又稱冼太夫人、嶺南聖母、譙國夫人、誠敬夫人，是嶺南地區冼氏之女，南朝梁武帝時嫁給高涼太守馮寶為妻。在南北朝時期，中原兵連禍結而未波及嶺南地區，一是因為嶺南與中原有高山阻隔且尚屬化外之地；二是有賴冼夫人的籌謀畫策與撫慰部眾，德威廣披與肆應得宜，於是當地老百姓都稱她為「聖母」。到隋朝時，隋文帝冊封她為「宋康郡夫人」，後又冊封為「譙國夫人」，賜食湯沐邑一千五百戶，死後追封她為「誠敬夫人」。

冼夫人出生在嶺南冼氏的一個南越首領家庭中，轄地千里，統領部落十數萬家，跨據廣東恩平、陽江一帶山區。她的乳名叫冼百合，少年聰慧，天賜公主身分的她不繫明珠繫寶刀，自幼便好追隨父兄逞強鬥勇，親身經歷過多次部族之間的械鬥，頗有男兒氣概。長大後，據說得到奇異之人傳授武藝及韜略，頗像開漢四百年的張子房，年輕時路遇黃石公一樣帶有傳奇色彩。她不僅不喜穠歌豔舞，還以列陣挽戈為自得，更兼深諳行軍布陣之法。在父母之家為人子時就善於謀略。史書記載其兄冼挺遷南梁州刺史時，常倚恃豪強，侵略鄰郡，她便多方規諫，解仇息兵，致使人民安居樂業。因而在鄉里很有威信，深得同族器重信賴和百姓擁護愛戴，以至於海南儋耳諸部落一帶的民族都來歸附她。因此，史書說她「幼賢明，多籌略」，且「撫循部眾，能行軍用師，壓服諸越」。

才二十歲出頭的她，已經美名遠播。其時，北燕苗裔馮業率眾來海南，在新會定居並歷任牧守，當三傳至馮融時，被梁武帝任命為羅州（今化州境內）刺史。為了壯大自己的聲勢，同時也因為著實欣賞冼百合的才識和志行，於是降尊紆貴地為兒子馮寶向尚係蠻族的冼氏求親。馮寶新任高涼（今廣東陽江西）太守，生得一表人才，又是官宦世家，冼氏部族自然是歡天喜地答應了也算是門當戶對的親事，於是在梁大同元年（西元五三五年）冼百合成了太守夫人。按時間推算，此時的冼夫人已經二十四歲，在古代社會應算是十分晚婚的了，由此可見當地文化習俗算是特別開明。冼夫人婚後，為了幫助因為「他鄉羈旅」而在本地「號令不行」的夫家推行政令，便「誡約本宗」以服從政令，又常協助丈夫斷決案件，秉公無私，從此使「政令有序，人莫敢違」。她主動打破歷史男尊女卑的固有成見，突破了「女子無才便是德」的歷史藩籬，只見那一層層的鱗浪時跌時起，掀沙堆雪，拍花岸捲殘陽，倏然間，鬚眉盡讓，叱吒時，聞口舌香。

梁武帝太清二年（西元五四八年）八月，河南王侯景在壽陽反叛。梁朝按照羊侃的計畫，應該是在採石磬堅拒叛軍渡江，另以一支精銳部隊襲取壽陽，使侯景進既不能，退又失去了巢穴，烏合之眾，自然瓦解。可惜朝廷不用他的計謀，卻以與侯景有勾結的臨賀王蕭正德為平北將軍，都督京師諸軍事，他表面忙於備戰，暗地裡卻以大船數十艘資敵，於是侯景順利渡江，把梁武帝圍在小小的台城（今江蘇南京雞鳴山南乾河柑北）。此城接連受到攻陷，已是岌岌可危。這時廣州都督蕭勃徵兵火速赴援想一解台城之危，高州刺史李遷仕久蓄謀反之異志，佯稱有病，遲遲不肯聽命赴援。大寶元年（西元五五〇年），李遷仕出兵據大皋口（今江西吉安市南），並派使者急召高涼太守馮寶。馮寶準備戎裝待發，冼夫人心想刺史託病拒都督之命，而積極整屯兵馬，顯然有謀叛之心。於是力勸丈夫不要去，並說：「刺史無緣無故叫你去，一定是想逼你一起造反。」馮寶回覆：「你何以得知？」夫人說：「刺史被派去援台，但他卻稱病不去，私下又鑄造武器，集合人馬。今召你去，君若前往，無非是把你扣作人質，以調動你的兵馬。你暫且不要去，稍加等待，不妨以觀其變，再作打算，以圖後計。」

果不出冼夫人所料，數日後，李遷仕真的反叛了。他派遣大將杜平虜領兵北上，向湖石逕發，與梁都督陳霸先的部隊交戰，以便與侯景互相呼應。冼夫人知道消息後便自忖，杜平虜盡率精兵出城，留下李遷仕守著一座空城，自然無所作為。於是對丈夫馮寶說：「杜平虜是一員悍勇之將，可一時也回不來，今李遷仕在高州，已無多大實力了。但如果你去，還是免不了一場惡戰。不如卑辭厚禮，說你一時離不開，由我代表你去參見，我一個婦道人家，對方不會有什麼嚴密的防備和守衛。我就趁此帶領一千多人，步行而去，挑著禮物，暗藏兵刃，及至城中，便伺機發動攻擊，一舉攻下李遷仕的老巢，定能打敗他。」馮寶非常贊同，夫婦二人議定後，冼夫人便依計而行親赴高州。李遷仕遠遠望見千餘人眾，背扛肩挑而來，果然中計，以為是運送軍需品的隊伍，絲毫不加防範，立即命人拔柵開城。冼氏夫人率眾湧入，迅即從籮筐背囊中拿出刀劍，以秋風掃落葉之勢輕而易舉攻下高州城，李遷仕敗逃寧都。冼夫人乘勝率部與長城侯陳霸先在湖石會師擊殺杜平虜。

在平叛中，冼夫人結識梁都督陳霸先，得勝歸來後對其大為讚賞，於是對馮寶說：「陳都督不是平常之人，很得人心，一定能夠平息叛亂，你要與他交往，大力供應物資才是。」丈夫馮寶對夫人的話是言聽計從，遂與陳霸先交好。大寶二年（西元五五一年），新任始興太守、長城侯陳霸先在冼夫人的協助下擒殺李遷仕於寧都，後又與王僧辯合力擊潰侯景，平定了侯景之亂，湘東王蕭繹在江陵即位。梁朝論平叛功，冊封冼太夫人為「保護侯夫人」。西元五五七年，陳霸先眼見梁統治階級內部已腐朽到極點，當蕭繹皇朝被北朝中的西魏政權所滅時，便乘機代梁而為陳武帝，改年號為永定元年，是為陳朝。這也是南朝政權更替的一個特點，總是大將奪權，也算得是冼夫人慧眼識英傑吧！

陳永定二年（西元五五八年），馮寶去世，嶺南一時大亂。冼太夫人不顧失夫之痛，憑著自己的威望，勸服、團結百越，使社會暫時度過了一段安定的時期。太建二年（西元五七〇年）廣州刺史歐陽紇起兵叛陳，將冼太夫人兒子馮僕騙去，欲誘迫他夥同造反。陳霸先鞭長莫及，天高皇帝遠，冼太夫人不以兒子之安危為念，立即就近聯絡百越首長布兵拒境，並與陳朝遣討軍隊合力擊潰叛軍。陳朝嘉其功，冊封她為「石龍郡（今化州境內）太夫人」，馮僕因母親平叛有功被陳霸先封為信都侯，加平越中郎將，轉任石龍太守。陳霸先即位之初，實力未允，對北朝採取和平邦交。三年後陳文帝嗣位，兵力日強，接連攻下長沙、江郢、巴蜀等地，南朝江山逐漸恢復舊觀，再傳到宣帝，又乘北齊內亂遣兵收江北各地，可惜他兒子陳叔寶，也就是陳後主，終日沉溺酒色、怠於政事，於是被隋文帝楊堅所滅。

西元五八九年，在隋滅陳之際，大體看來南北朝時對峙的局面已去，隋文帝的一統江山是大勢所趨。但嶺南地區尚未歸附，為了維持地方安寧，嶺南百姓共推石龍太夫人冼氏出來領導，仍用陳朝封贈的儀仗及兵衛甲盾，每每前呼後擁巡視各州，真是威鎮南疆，簡直就是個小王國的女皇帝了。此時的她已是六十開外的人，兒子馮僕已死，孫兒馮魂與馮暄隨侍左右，大家都稱她為「聖母」。當隋大軍到了嶺南邊境時，因畏懼冼太夫人，逡巡遙望左右不前，不敢進犯，於是遣使者韋洸前往嶺南宣撫，並示以陳後主降書和她贈陳後主信物「扶南犀杖」來規勸。冼太夫人在確知陳亡後，召集首領數千人「盡日慟哭」，然後才歸順了隋朝。朝廷感其顧全局、識大義，冊封她為「宋康郡夫人」。

隋開皇十年（西元五九〇年），韋洸仍在嶺南時，嶺南人王仲宣聯絡各部族首領圍襲隋朝派來的欽差大人，且有反叛之意，形勢緊逼。冼太夫人又出兵平叛，她所到之處，各反叛首領皆俯首歸順。叛亂平息後，年近七十的冼太夫人又騎著駿馬，張著錦傘，帶著騎兵，護衛隋朝特派員巡撫諸州。所到之處，各地首領都來拜謁和受爵，從此使嶺南地區完全得到了安定。隋文帝得知後，對冼太夫人大為驚異，為表其平叛和撫境安民之功，冊封為「譙國夫人」。這封號雖不是什麼很大的官位，但卻比照總管衙門，設置幕僚機構和屬官，並頒予印信兵符，全權指揮嶺南六州兵馬，且授予一項特殊權力，遇有緊急事故，可以不先奏報朝廷而便宜行事。此特權和殊勝是前所未有的榮耀，對一個七十多歲的老太太而言，總管嶺南六州軍政大權，朝廷視之為南疆柱石及屏障。隋文帝不僅賞賜有加，連皇后也刻意籠絡，致信使穿南渡北不絕於途。此時的嶺南各州雨順風調，家給人足，形成有史以來最為富庶及安定的局面。隋文帝不僅授予她諸多賜物，還赦免了在平叛中因違反軍紀而被她下令逮捕入獄的孫子。每逢年節，冼太夫人都將分別藏放的梁、陳、隋三朝賜物陳列出來訓示子孫，要他們像她一樣忠國愛民。

隋朝開國以後，改廣州為番州，除了倚重冼太夫人坐鎮嶺南地區以外，更由朝廷派趙訥為番州總管，統轄地方政務，由於趙訥貪污不法，動輒苛虐番民各部族，使得怨聲四起。有的番民便紛紛上書朝廷，怒斥趙訥種種貪污欺民等不法行為，有的被逼得無法忍受時只好叛離朝廷而自立。隋文帝下詔譙國夫人就近懲治趙訥，她此時已經年屆古稀，猶自抖擻精神乘騎駿馬，盛張錦傘，親捧皇帝詔書逮捕趙訥。然後審問、正法，並一一列舉罪狀及受賄財物，派遣專使奏報朝廷，又風塵僕僕地巡行各州各郡宣達聖旨，撫慰因趙訥貪財暴虐而亡叛的俚、僚各族人民，力保嶺南的安定和國家的和平統一。

隋文帝仁壽二年（西元六〇二年），獨孤皇后崩逝，隋文帝好像突然從層層束縛中掙脫出來，於是開始放蕩，國事日益荒廢。就在此時，威鎮南疆的譙國夫人也油盡燈熄，享年七十五歲，隋朝謚她為「誠敬夫人」。她以邊陲番族的安危為己任，明大體、識大義，安撫百姓、綏靖地方，使嶺南地方安定繁榮達半個世紀；她雖然歷事三朝，實因環境使然，她始終忠於她的部族，忠於她的職守，對一個女人而言，確實是難能可貴。所謂時勢造英雄，英雄造時勢，客觀情勢使譙國夫人脫穎而出，而譙國夫人也在動盪的社會中做出許多男子漢所不能做到的事情。

我們循著歷史的時間印跡，尋廟覓碑、探驪索驥，終於在梁、陳、隋的動盪更迭縫隙中遇見一個形象飽滿的冼夫人。這也許是歷史的偏見與固執，歷史總以自己是美女而自居，並自詡是多麼的漂亮，多麼的美若天仙。所以給人印象最深刻的，往往是一個平凡人不平凡的英雄的一面，而英雄的繞指柔情卻被無辜地抹去。因為誰都相信美女要英雄來配，殊不知這次是歷史這個美女自己打自己的嘴巴，她可沒想到冼夫人雖是英雄且更是美女呀！那麼歷史這個美女在冼夫人這位英雄的美女面前很難不生嫉妒之心，於是索性讓冼夫人在後人的腦海裡留下寧為英雄、豪傑、諸葛的印象，也不讓她留下生活中女人的形象。因此，我們只能在道聽塗説中去追憶她大仁、大義、大智、大勇的英雄事蹟，而不能隨意地去編織她小鳥依人、小巧玲瓏、小家碧玉的溫柔、婚姻和愛情。

但她畢竟是歷史上再真實不過的女性，而且畢竟被歷史這個女人相對大方地對待過、接受過，在時勢動盪頻繁更迭的年代，能被歷史記住和讚美已經是非同尋常的不易之舉了。這也説明在歷史的封建桎梏枷鎖下，女人仍然可以做很多事，並且能夠做得非常成功，無論從哪個角度去審視反省，似乎都絲毫不遜色於任何一個被歷史考驗過的男人。她文武雙全，智勇不讓鬚眉，還能審時度勢，歷經三朝，保境安民。真可謂「休言女子非英物，夜夜龍泉壁上鳴」。更讓人驚訝的是，當歷史這個女人在嫉妒她的時候，在統治者心中，她是傑出的護境保民的女功臣；她在當地人民心中也被奉為聖母。當她浩然告別人世之後，她由女人、女英雄一度升格為女神。詩詞銘文對她稱頌不絕，廟宇曹碑幾冷，數縷香煙縈繞，玫瑰鏗鏘，頓失風雨。冼夫人並未生在唐朝，可是她身上的氣節和個性卻是大唐女性身上才有的；若是冼夫人生在唐朝，那麼想必擁有武則天的大唐朝堂定不會再覺寂寞。

冼夫人漫遊在歷史的風風雨雨中，有多少患難與滄桑，有多少折磨與離觴，她被先天地定格在歷史的命運裡，也就注定了她呈現在我們眼前的風風光光。玫瑰鏗鏘，香魂凝夢，曾經幾度夕陽紅，恍若隔世的柔情捧出那被歷史擦掉眼淚和傷痕的彩虹。

獨孤皇后

幸運有幸運的代價，
不幸有不幸的僥倖

獨孤皇后，綻放在歷史枝頭上的姊妹花，是幸運也好，他者也罷，都是歷史的安排。幸運有幸運的代價，不幸有不幸的僥倖。

中國古時候的傑出女人，不是被歷史遺棄就是被妖魔化，不是被蜻蜓點水般地敷衍就是被肆無忌憚地醜化。前者沒有載入史冊的數不勝數，屈指可數的如上古時的「四大妖姬」；後者被一筆帶過的不乏其人，長篇大論攻訐為紅顏禍水的如「四大美女」。當然，還不止如此。這就是女人在歷史中的命運，她不是被歷史用來墊腳就是用來縱欲；不是被當作牟利工具就是當作物品用來交換。女人似乎天生是一個他者，她永遠生活在歷史的象徵秩序中，只能以第二性的角色成為他者的反射鏡。被歷史遺忘的女人是如此，被歷史銘刻的女人同樣如此，獨孤皇后又何嘗不是呢？

歷史在某個特殊境遇下就像個調皮的小孩，他不明白許多生活現象與日常真實為什麼會這樣，他僅憑自己的好惡隨心所欲地刻畫與雕琢生活。很難說他的行為動機是好還是壞，若結果是壞，我們不能以大人的立場去責備他；若結果是好，我們就當是一次偶然的僥倖。被他雕刻過的女人大抵就是如此兩種模樣吧！我相信獨孤皇后應該屬於後者。

獨孤皇后，綻放在歷史枝頭上的姊妹花，是幸運也好，他者也罷，都是歷史的安排。幸運有幸運的代價，不幸有不幸的僥倖。她們姊妹三人柔拖歷史的光，沒有萬丈之長，卻也串聯起三個不同朝代的更替興亡；沒有耀眼奪目，卻也遭逢過一個家庭相似的離合悲歡；沒有潤澤普照，卻也盡情地在歷史的枝頭上花開花謝。一個是即使曇花一現也要綻放瞬間光彩的北周明敬皇后；一個是既羨鴛鴦也羨仙的隋朝文獻皇后；一個是且向花間留晚照的唐朝元貞皇后。她們依次是獨孤信的長女、第七女和第四女。

那麼獨孤信又是何許人也，以及他又是怎樣慧眼識女婿的呢？

獨孤信（西元五〇三—五五七年），本名如願，鮮卑族人，北魏至北周時人，原籍雲中（今內蒙古托克托東北），北魏永熙三年（西元五三四年）隨孝武帝奔關中後徙居渭南縣（今渭南市臨渭區）東原獨孤莊（今崇凝鎮）。在此時期，娶郭氏與崔氏，郭氏生六子；崔氏生一女，名伽羅（隋朝文獻皇后），一生共有七子七女，七子俱任官職。西魏八大柱國之一，也是中國古代十大美男子之一。官拜大司馬，進封衛國公。史稱其「美容儀，善騎射」。

獨孤信在西魏是八大柱國之一。怎麼說呢？獨孤信所在的那個年代動盪不安，皇帝可以自立，而和他同一級別的柱國就有八個，想來他也不算吃香。史稱其「美容儀，善騎射」。前句是指獨孤信儀表俊美，當然，這個做不得準，現在看來獨孤信的官不算大，可在史官的眼裡可能不是這樣，這柱國說不得要比磨盤大了好幾倍，至少史官是當不了柱國，這麼說來，他們巴結獨孤信一下，那也是有可能的。不過，他們說的一點我們不能否認，那就是古人的審美觀，雖說這個具體標準和今人不同，但也不至相差太遠。後句說他善於騎馬射箭，這個倒是大有可能，獨孤信一生，在兩個朝代當過將領，若不擅騎射，早就被人掀下馬了，就算沒有被掀下來，說不定也早已被誰陷害。總之沒有點真本事，很難在朝廷裡吃得開。

獨孤信這種騎馬射箭的本事，如果放在現代多半只能去草原找個牧場，地作床天作被。可是在古代，此等本事還是頗為吃香，雖不能讓他爬上權力巔峰，至少保了他一輩子，什麼都督、刺史、將軍的，他都當過，官運十分不錯，當然最後官至衛國公，算是他的頂峰了。不過，否極泰來的道理，反過來講也是行得通的——獨孤信官做到了頂，沒想到「泰極否來」，獻上自己的人頭，也就是理所應當的事情。他是被迫在自己家中自盡的，屈指算來，不過五十五個年頭。

照前文所述，我們幾乎可以斷定，獨孤信最值得稱耀的還是他的能力，這倒不是他行軍打仗多麼厲害，也不是他權謀機變怎樣的犀利，而是指他的生育能力。獨孤信大概有七雙兒女，再加上他的三個老婆、兩個長輩，可以湊五桌麻將了，這要在現代，沒個幾百萬身家還真是養不起，這生育能力更不是平常人能夠比得上。

現在，我們來看看他的三個女兒是如何顛倒眾生。按照時間先後，第一個是他的長女，北周明敬皇后，此女姓詳名不詳。在那重男輕女的年代，她以及母親郭氏同樣都沒被史書記載確切名字。即便是當到母儀天下的皇后，真實名諱仍無被史官詳細記錄，皇后的母親算是哪根蔥？沒被記下，這也是史官們操刀的一貫作法，更不值得大驚小怪了。

當時，宇文族還未進行篡位，而獨孤信在此時亦被皇帝所信任重用，還能算是個權貴。權貴對皇族來講，向來是禍亂的一個根源，高興了就拉攏，不高興就打他一下，反正像獨孤信這樣的權貴很多，這柱國少他一個，不還有七個嗎？所以，獨孤信積極尋求聯合，這樣才能把分量化為重量，至少要到皇帝不敢輕易動他的時候，他才能安心。眾所周知，古往今來最有效的聯合方式，就是送個女兒出去，而正好，獨孤信的女兒不少，甚至是十分眾多且漂亮。他和宇文家族中的宇文泰，都屬於西魏八柱國，正好是門當戶對，而作為貴族重臣之間的聯姻，獨孤信將長女，也就是後來的明敬獨孤皇后嫁給了宇文泰長子宇文毓。從這一點看來，獨孤信如果活在現代，其實不去牧馬放羊，只是去賭博，也能混得不錯，七個女兒，他就押中了三個皇帝。

獨孤信在政治上，是傾向於元魏皇室（即北魏，也稱拓跋魏、元魏，是鮮卑族拓跋珪建立的封建王朝，南北朝時期北朝的第一個朝代）的，可是他擋不住宇文氏族的謀反之心，宇文泰的勢力日益強大，甚至開始公開討論造反計畫。宇文家族已經對皇帝有了取而代之的野心，因此，獨孤信這個「保皇族」，自然是他重點提防的對象。宇文泰作為宇文家族的「老大」，在為自己選繼承人時，曾當眾說：「我想立年少的嫡子宇文覺，但是恐怕大司馬獨孤信內心猜疑。」大家都很沉默，因為一個是老大，一個是老丈人，如果被夾在中間，只怕是豬八戒照鏡子，裡外不是人。眾人正不知如何回答時，有個叫李遠的愣小子站出來說道：「立嫡子是禮法所規定的，獨孤信猜疑的話，請立刻殺了他！」於是拔出刀子，這是操刀、要砍人的。幸得獨孤信此時表明了態度，雖然還是被猜疑，卻也算是躲過一劫。

西元五五六年，宇文家族的宇文泰去世。臨終前，宇文泰把權力交給了侄兒宇文護，這大概是他所做最錯誤的決定，他如果聰明，一刀把這個禍害給切掉那是乾淨俐落——可惜他沒有那麼做，所以後來發生的一些變故，也是怨不得他人。西元五五七年正月，晉國公宇文護大權獨攬，他擁立宇文泰嫡子，也就是宇文覺代西魏為帝，建立北周。可是柱國、楚國公趙貴，因為不滿宇文護專權廢魏帝（也就是獨孤信在政治上傾向的那個短命王朝），聯絡獨孤信，想要除掉宇文護，獨孤信也就這樣被拉下水了。雖然他沒有那個膽子，最終制止了這個行動，卻被開府宇文盛向宇文護告發，那趙貴就不用說了，他算是死有餘辜，由於獨孤信聲望很高，宇文護一時還不好整他，但正應了一句話，「欲加之罪，何患無辭？」一個月後，宇文護隨便安個罪名，就逼他在家中自殺了。獨孤信死後，他的妻兒都被流放到蜀地多年，顯赫一時的獨孤家分崩離析。

西元五五七年，年少的宇文覺繼承王位之後，非常不滿堂兄宇文護獨攬權力，於是和李植等人密謀殺死宇文護奪權。但是被宇文護發覺，先下手廢黜了宇文覺，重新立了宇文泰長子宇文毓為王。夫貴妻榮，獨孤氏第二年正月被立為王后——正所謂，「塞翁失馬，焉知非福」，這榮升皇后，也不知道是好事，還是壞事。獨孤氏成為皇后三個多月，就因病而逝，葬於昭陵。武成元年（西元五五九年），宇文毓即皇帝位，追崇獨孤氏為敬皇后。宇文毓去世後，謚號為明帝，獨孤氏也被加謚為明敬皇后。

另據〈後周明帝誕皇太子恩降詔〉等文獻可大略猜測出些內幕。獨孤信是被宇文護所殺，殺父之仇，獨孤皇后不可能不忌恨，暗地裡搞些小動作，那實在是天經地義，只是她大動作還沒搞出來，可能已棋差一著，先宇文護而去了。而後宇文毓登上皇帝大位，多半想著替結髮妻子報點小仇，暗中使些絆子，給宇文護穿小鞋也是他應盡的義務，結果也不是宇文護的對手，偷雞不成，還惹毛了老大哥，被宇文護毒死。由此看來，明敬皇后這皇后得來真不容易，她的一生不論對獨孤信，還是對宇文泰來說，真是個憂傷的故事。一波三折的盡頭卻是曇花一現，只為滄海不為彼岸，她不能左右歷史的常態，卻也不惦念上天賜予的鳳冠霞帔，只是在那悠然黯淡的時刻綻放出瞬間的光華。

第二個是隋朝文獻皇后，歷史和命運對她特別恩寵眷顧。這倒不是說她同女皇武則天一樣力壓幾代君王，而是指她是一位難得的賢后，可與大家熟知的「大腳馬皇后」有得一拚。其名曰伽羅，獨孤信的第七女。十四歲時，嫁給大將軍楊忠之儀表非凡的嫡長子楊堅。那年，獨孤信被宇文護構陷而殺，家道中落，她與丈夫楊堅及將軍楊忠，都遭到北周權臣猜忌，這其實也為他們後來建立大隋朝埋下伏筆，因為哪裡有壓迫，哪裡就有反抗。不過，他們後來在建立隋朝之時，還不能拿出來顯擺。低調不是罪，高調其實也不是罪，但有可能帶來殺身之禍。所以，獨孤伽羅保持低調、謙卑的作風，不僅是她，就連楊堅等人也是如此，就算是受辱，也要忍著才是。為了消弭禍患，他們私下做的真不少。

楊堅造反之際，獨孤伽羅親自勸勉楊堅，定下立隋大計；之後拜為隋王妃、隋王后；隋朝開國乃為皇后——她是獨孤家三位皇后之中，唯一一個真正母儀天下過的皇后。獨孤皇后深度參與朝政，大力推薦國之良臣，對朝政「隨則匡諫、多所弘益」，更為隋文帝帶來強烈影響力，就連傳誦了幾千年的開皇之治，也有她的影子，可說是功不可沒。在生活上，其「誓無異生之子」，為文帝共誕育有五子五女；同居共寢、並輦上朝，在宮中，被朝臣並尊帝后為「二聖」。看來，武則天和唐高宗李治並稱「二聖」是有先例的。晚年，獨孤伽羅主導罷黜宰相，穩固了隋朝的統治，雖在廢易太子等事件引發史學界爭論，總的來說，對剛剛建立起的大隋朝，這些作法是有積極意義的。

據史書記載，隋文帝和伽羅皇后夫妻倆恩愛有加，不過，史書的看法不能盡信，說不定隋文帝是個妻管嚴呢！其實，古人和現代人也差不了多少，試想現在有多少男人晚上回家要跪鍵盤呀！古人當然沒有鍵盤這麼先進的東西，不過洗衣板這工具，幾乎可算是神器了，各朝通用。當然也正應了一句話，這世上沒有怕老婆的男人，只有尊重老婆的男人。文帝也算是個長情的男子，仁壽二年八月皇后崩逝（在位時間：二十二年），隋文帝不能忘情（當然你也可以認為他懼內，病入膏肓），迷信皇后升化為妙善菩薩，並親自為其送葬，聲勢浩大。這是他所做過最荒唐的事情，又營造了天下最盛的佛寺為皇后祈福，臨終前企盼和愛妻「魂其有知，當地下相會」。仁壽四年七月文帝病逝，十月帝后合葬太陵，皇后謚曰「文獻」。

文獻皇后站在風潮暗湧的浪尖上，推波助瀾，踏源開流，與文帝攜手，雙棲雙宿。風平浪靜之後，猶若一雙鴛鴦在漣漪時散時聚中相對浴紅衣。「問世間情為何物，直教人生死相許」，古往今來最動人心魄的情感莫過於此句。不是滄桑歸盡，不到晚霞朝露，又怎知情最難留，情之沉重。春草碧波，曉寒深處，怎知白樂天〈長恨歌〉裡的名句不是詠讚文帝和文獻皇后呢！

第三位是唐朝元貞皇后，大唐獨孤氏，北周明敬皇后獨孤氏的四妹，隋文帝文獻皇后獨孤伽羅的四姊，也即獨孤信的第四女。史料對元貞皇后的記載不多，是因其丈夫我們今天才能看到元貞皇后這四個字，否則，她也會同其他姊妹一樣，淹沒在滔滔的歷史洪流之中。所以說，有些人覺得女人們學得好不如嫁得好，當然了，別做皇后夢，那只能像小說中被雷劈中穿越才行的。而人萬一給雷劈中，那就只有兩個後果，一個是穿越到醫院，默默地數錢交；另一個就是穿到閻王跟前，說一句，這兒的天，好黑呀……

元貞皇后的丈夫是唐仁公李昞。李昞（西元五一四—五七二年），亦作李昺，字明澤，是南北朝時期北周人，祖籍隴西，出身隴西李氏，家族世代都仕於北朝，其父李虎為西魏八大柱國之一，稱隴西郡公。西元五五一年，李昞承襲為隴西郡公，西元五六四年，加封唐國公。曾任北周安州總管，柱國大將軍。李昞死後諡唐仁公。李淵登位後，他被尊為皇帝，廟號唐世祖，諡號元皇帝。生梁王李澄、蜀王李湛、李洪、唐高祖李淵和同安長公主。唐高祖武德元年六月六日（西元六一八年七月三日），獨孤氏被追諡為元貞皇后。

她不像姊姊明敬皇后那樣有機會綻放自己的青春光華，也不像妹妹文獻皇后那樣福澤綿長，令人稱羨。但歷史畢竟沒有遺忘她，只不過對她的偏愛來得遲一些罷了，所謂一樣花開為底遲是也。歷史上不知有多少不應被遺忘的女人卻被遺忘了，不知有多少女人死後想留名於後世而不可得。花開花謝，玉影遲來，且向花間留晚照，至少我們通過其夫得知歷史上的元貞皇后曾像花一樣綻放過。

這就是歷史上的獨孤皇后三姊妹，她們同出一閣，命運迥異，不同的人用不同的方式闡釋歷史的榮辱興衰，為單調的歷史增光添彩。明敬皇后那一瞬，文獻皇后那一瞥，元貞皇后那一逝，宛若並蒂開在歷史枝頭上的三朵花，各盡其美，各綻其放，她們名為獨孤皇后，其實一點也不孤獨。

蕭皇后

男人只不過是一張棲身的床榻

對於這個女人來說，權力是她手中的一個工具，她不貪不戀，只是將這個工具物盡其用；男人只不過是一張棲身的床榻，她不悲不喜，只是默默走過。

她是一位為歷史所正視的女子，《隋書》、《北史》、《太平御覽》等史書都能見到她的身姿。她與六位君主都有過交集，也正因於此，她的爭議頗多，也讓她成了野史軼聞、筆記、小說經常提起的人物。「蕭美娘」是世俗之人強壓於她的一個代號，但細觀史書所繪，這個代號不過是世俗之人為己之樂臆想而出的產物而已。她一世漂泊，似乎連個能真正承載一生的歸所都尋覓不到，她的一生似乎僅僅是隨著命運的舟，行在命運的河上，讓人心生憐憫。可誰又能說，她的人生不是充滿了智慧的人生呢？身處亂世，她寵辱不驚，用一種溫婉的態度對待命運加在身上的一切，她似乎早已明瞭，選擇以靜觀的態度來面對世事流變。似乎她的命運一直在受他人擺布，但她卻在另一方面獲得了廣闊的自由，她的歸所不在外而在內，歸所歸於心，何處不是可歸之處？她是一隻雲雀，眼眸清澈，心繫長空。

在古代的野史軼聞、筆記小說，蕭皇后的名聲與正史所載相去甚遠，在這些筆記小說之中，她被人冠以「蕭美娘」之稱，甚至被異化為一個先是沉迷於淫糜生活，後又失節不忠的「不良人」，這在褚人獲所著小說《隋唐演義》中表現尤甚。此一形象的出現與當時人們的審美意向轉變有著極大關聯。自宋朝起，為了迎合市民階層的興趣，文學作品尤以民間文學開始對既有正史人物的解構、重塑。這些解構、重塑為了能夠吸引受眾，將他們從史書的嚴肅境遇中拉了出來，以戲謔手法為他們穿戴上一些更易被市民所接受的服飾，以達到所希望的娛樂效果。悠悠眾口，眾口悠悠，筆記小說在民間的流傳度要遠遠超過史書，也是這個緣由，使得蕭皇后——「蕭美娘」嫁過六任君王的名聲傳播開來。到這裡我們不禁要思索一番，蕭皇后到底是一個怎樣的人呢？

在此，無意為她「翻案」，也無意要為她「正名」，只想在歷史所留下的蛛絲馬跡之中來看一看另外一個不一樣的蕭皇后。

與蕭氏相關的記載散見於《隋書》、《北史》、《太平御覽》等史書之中，其中尤以《隋書》、《北史》所載詳盡。雖言是詳載，但在微言大義的史書之中也不過是千餘字。但這對於本就難進史書的女子而言已算作是一種「恩寵」了。就讓我們跟隨千餘字的史料一起走進這個頗具爭議的女子，來看看那不一樣的「蕭美娘」。

蕭皇后的一生可謂是一個矛盾的綜合體，但她卻以其智慧、靜觀的人生態度將這一切消於無形。

她出身尊貴卻又寄人屋簷之下。史書中是這樣記載蕭皇后的童年：「煬帝愍皇后蕭氏，梁明帝巋之女也。江南風俗，二月生子者不舉。後以二月生，由是季父岌收養之。未歲，岌夫妻俱死，轉養舅張軻家。軻甚貧窶，後躬親勞苦。」從這段史料之中我們能夠看得出蕭皇后出身是極為尊貴的，她貴為後梁明帝蕭巋之女，可這樣的出身卻因為南地的一個迷信風俗——二月生的孩子不吉利，成為一個失家的幼雛，她被命運拋擲的人生也就此展開。被父母遺棄之後，她被叔父蕭岌收養，但沒過多久「未歲」（有史書作「未幾」），「岌夫妻俱死」，於是她又轉養於「舅張軻家」，張軻家世並不富足，甚至是「甚貧窶」，童年的蕭皇后不得不「躬親勞苦」，然而她也因此看盡了世事的無常。

在這時候，她人生的第一個轉機出現了。「煬帝為晉王，文帝為選妃於梁，卜諸女皆不吉。巋乃迎後於舅氏，令使者占之，曰：『吉』。遂冊為妃。」但這次轉機依舊不是她自己所能選擇的命運，只是因隋文帝為當時還是晉王的煬帝在梁選妃占卜的時候「諸女皆不吉」，為了能夠滿足文帝的意願，才將她「迎於舅氏」，直到占卜師為之占卜，結果為吉的時候才得以冊立為妃，一切似乎只是偶然，卻彷彿是注定之事。

在這裡我們不禁要想童年若此，性情會是怎樣呢？若按現在的心理學，陰暗的童年有半數的人會性格扭曲，但此時的蕭皇后卻是「性婉順，有智識，好學解屬文，頗知占候」，成為一個才智甚至占卜方面都頗具才華的女子。而論至性情，更是溫婉和順，連文帝都「大善之」。隋煬帝對她也是「甚寵敬焉」，作為一個帝王的女人，「寵」不難得，難得的是一個「敬」字，一個能讓帝王敬重的女子可見其性情、才華的非凡之處。當然她這種婉順性格與她早年寄人籬下的遭遇也是有著極大關係，這讓她在極短時間中，便完成了其他人可能要經歷更久才能獲得的生命體驗。

也正是這種婉順性格成就了她的丈夫，《隋書》中是這樣記載的：「（楊）素入侍宴，微稱晉王孝悌恭儉，有類至尊，用此揣皇后意。皇后泣曰：『公言是也，我兒大孝順……又其新婦亦大可憐，我使婢去，常與之同寢共食。豈若睍地伐（楊勇）共阿雲（楊勇妾）相對而坐，終日酣宴，昵近小人，疑阻骨肉……』素既知意，因盛言太子不才。皇后遂遺素金，始有廢立之意。」

登基之後的隋煬帝對蕭皇后更是恩寵有加，以至於煬帝的文風都受到蕭氏的影響，蕭氏「好學解屬文」，這從她的〈述志賦〉中我們能夠看得出她文風的典雅質樸，而隋煬帝「初習藝文，有非輕側之論」，即一開始文風偏於靡麗，但之後「其〈與越公書〉、〈建東都詔〉、〈冬至受朝詩〉及〈擬飲馬長城窟〉並存雅體，歸於典制」。我們能夠想像得出隋煬帝這種文風的轉變是與蕭皇后有著極為密切的關係。

不僅如此，隋煬帝對於蕭皇后的恩寵還表現在「帝每遊幸，未嘗不隨從」，每次出遊都會帶著蕭皇后，由此可見蕭皇后在隋煬帝心目中的地位是多麼重要。面對這樣的恩寵，史書之中並未記錄下她是如何回應。也許根本就沒有回應，只是若往常一般：也許只是微微笑著，但對於這樣的恩寵她還是心存感念的。畢竟少時的經歷讓她渴念著一種穩定，一種穩定所帶來的幸福，但這種幸福卻沒能持續太久。

與性情婉順的蕭皇后不同，隋煬帝終歸是耐不住寂寞，面對「失德」的隋煬帝，蕭皇后明白要是不加阻攔的話，最終將會迎接一個難以想像的後果，但她畢竟只是一個女子，所以蕭皇后「心知不可」，但亦是「不敢措言」——哪裡有她說話的份呢？於是便作了〈述志賦〉「以自寄焉」。其詞曰：

承積善之餘慶，備箕帚於皇庭。
恐修名之不立，將負累於先靈。
乃夙夜而匪懈，實寅懼於玄冥。

雖自強而不息，亮愚蒙之多滯。
思竭節於天衢，才追心而弗逮。
實庸薄之多幸，荷隆寵之嘉惠。
賴天高而地厚，屬王道之升平。
均二儀之覆載，與日月而齊明。
乃春生而夏長，等品物而同榮。
願立志於恭儉，私自兢於誡盈。
孰有念於知足，苟無希於濫名。
惟至德之弘深，情弗遹於聲色。
感懷舊之餘恩，求故劍於宸極。
叨不世之殊眄，謬非才而奉職。
何寵祿之逾分，撫胸襟而未識。
雖沐浴於恩光，內慚惶而累息。
顧微躬之寡昧，思令淑之良難。

實不違於啟處，將有情而自安！
若臨深而履薄，心戰慄其如寒。
夫居高而必危，每處滿而防溢。
知恣誇之非道，乃攝生於沖謐。
嗟寵辱之易驚，尚無為而抱一。
履謙光而守志，且願守乎容膝。
珠簾玉箔之奇，金屋瑤台之美。
雖時俗之崇麗，蓋哲人之所鄙。
愧絺綌之不工，豈絲竹而喧耳。
知道德之可尊，明善惡之由己。
蕩囂煩之俗慮，乃伏膺於經史。
綜箴誡以訓心，觀女圖而作軌。
遵古賢之令范，冀福祿之能綏。
時循躬而三省，覺今是而昨非。

嗤黃老之損思，信為善之可歸。
慕周姒之遺風，美虞妃之聖則。
仰先哲之高才，慕至人之休德。
質非薄而難蹤，心恬愉而去惑。
乃平生之耿介，實禮義之所遵。
雖生知之不敏，庶積行以成仁。
懼達人之蓋寡，謂何求而自陳。
誠素志之難寫，同絕筆於獲麟。

〈述志賦〉的起句「承積善之餘慶，備箕帚於皇庭」主要是交代了自己的身分，之後的文章除末尾四句外，可以分為四個部分：

第一部分從「恐修名之不立」起至「才追心而弗逮」結束，這一部分所陳述的是對自己唯恐不能恪盡為后之責，有辱先人的威名，因而希望能夠通過「夙夜匪懈」盡己所能，來履行好自己的職責。

第二部分以「實庸薄之多幸」起，至「苟無希於濫名」終。從賦的字面意思上來看，她是在感念隋煬帝，正是他讓她獲得了自己曾經想都未曾想過的恩寵，對此她心存感激，甚至有一種生逢明時之感。

第三部分是從「惟至德之弘深」開始一直到「撫胸襟而未識」。在這部分有一個典故值得我們去注意，那便是「故劍」，這一典故出自《漢書．外戚列傳上．孝宣許皇后》，漢宣帝在未登基之前曾經娶許平君為妻——一個庶人的女兒，在他登基之後「霍將軍有小女，與皇太后有親。公卿議更立皇后，皆心儀霍將軍女，亦未有言。上乃詔求微時故劍，大臣知指，白立許婕妤為皇后」，這與她的身世何其相似，她雖貴為一國之公主，但自小就因出身問題而顛沛流離，寄人籬下，嘗盡了貧苦的味道，而此時的隋煬帝已經由王提升成了君，即便身分置換，對她的恩寵卻並未因之改變，以「故劍」之典而喻此時她與隋煬帝之間的情，情深而意綿，但這種恩寵也使得她有些不安，所以她才會「何寵祿之逾分，撫胸襟而未識」。這種不安還在一步一步向她逼近，以致使她覺得感到一種莫名的壓力「內慚惶而累息」，「若臨深而履薄，心戰慄其如寒」，而這壓力則源於她對隋煬帝的愛，源於對將會失去這愛的怕，為何會怕失去這愛呢？在第四部分中為我們揭露緣由。

第四部分是從「夫居高而必危」起至「庶積行以成仁」結束。起句便是「夫居高而必危，每處滿而防溢」。這是道家修道的一種方法，以無為之道，守雌尚樸的信條來靜下那顆躁動不已的心。但同時也是對自己所愛之人，以及世人對自己所愛之人的一種勸誡，隨後她又欲以古之賢德為自己的榜樣，要「時循躬而三省」、「庶積行以成仁」。

最後四句是自陳之句，「懼達人之蓋寡，謂何求而自陳」是交代了作此賦的初心是希望有人能夠明白自己的用心，而想要讓誰明白自然也是不言而喻了。在最後兩句「誠素志之難寫，同絕筆於獲麟」中，她又用了一個典故「獲麟」，《春秋・哀公十四年》載：「春，西狩獲麟」。西晉杜預為《春秋左氏傳》所注曾對此評曰：「麟者，仁獸。聖王之嘉瑞也。時無明王，出而遇獲。仲尼傷周道之不興，感嘉瑞之無應，故因《魯春秋》而脩中興之教。絕筆於獲麟之一句，所感而作，固所以為終也。」以此典故寓意看來這最後一句似乎表達出一種時不我與的悲情。

面對已經沉淪在驕奢淫逸之中的隋煬帝，這一篇賦又怎能扭轉得過來他迷失已久的心智呢？於是便有了史書中記載的這一幕：「及帝幸江都，臣下離貳，有宮人白后曰：『外聞人人欲反。』后曰：『任汝奏之。』宮人言於帝，帝大怒曰：『非汝宜言！』乃斬之。後宮人復白后曰：『宿衛者往往偶語謀反。』后曰：『天下事一朝至此，勢去已然，無可救也。何用言，徒令帝憂煩耳！』自是無復言者。」

對於蕭皇后這一舉動，後世品評不一，指責她的認為若是僅僅作為一個平常婦人，隱忍是無可厚非的，但是作為母儀天下的皇后則是一種失責。但蕭皇后畢竟是一個女子，是一個人，即便是皇后又如何，她依然有自己選擇如何對待世事的權利，但同時她也必然要承擔起這一選擇所帶來的結果，她隨後的遭遇證明了她有承擔起這一切的能力。

隋亡之後，蕭皇后又開始她漂泊的人生之旅，這似乎是她的宿命，她先是在宇文化及之亂中，被劫持到了聊城，當宇文化及被竇建德所敗之後，又被竇建德安置於武強縣，沒過多久，是時方盛的「突厥處羅可汗，其可賀敦即隋義城公主也，遣使迎后」，竇建德不敢將其強留，只能讓她「攜其孫正道及諸女入於虜庭」，直到大唐的貞觀四年（西元六三〇年），唐軍擊敗了突厥，才將蕭皇后重新接回了京師，並在興道里賜予她宅邸。顛沛一世的蕭皇后最後在唐朝京師安度了晚年。去世之後「詔以皇后禮於揚州合葬於煬帝陵，謚曰愍」。

在此我們不僅要佩服這樣一位女子。莫說是一位女子，即便是一位男子在遇到似她一般的生命境遇時不知能撐下幾個回合，而蕭皇后不但將這一切承擔下來，並且安然度過了她的晚年，她的內心是何等強大，不禁感嘆，溫婉如她，強大如斯！童年寄人門下，中年國破夫亡、顛沛流離，在外人看來這淒苦的一生，對她而言似乎只是過眼雲煙。

當你還在不斷地為生活奔波勞苦，不知該走向何處時，不妨也學一學蕭皇后，讓自己的人生也安閒一段時間，以一種靜觀的態度來面對這世事紛擾，也許在這時你便會聆聽到心中真正的渴望。

蕭皇后一世流離，有著諸多無奈和痛苦，她與六位帝王只是有交集而已，而非如筆記小說中所言的因其「風流」所以「委身侍六帝」，而這些君王之所以願意與她有所交集，更多的可能是從政治上來考慮她所具有的價值。蕭皇后身邊有著隋室血脈，想當年曹操「挾天子以令諸侯」的行徑，就不難理解這些人的行為了。想要稱帝的宇文化及如此，竇建德亦是如此，突厥外族雖有情感因素在，但更為重要的因素怕也不外乎這一個（只要抓住楊政道，染指中原就要簡單多了），而唐太宗擊破突厥後仍對蕭皇后以禮相待，除了寬廣的胸襟，更是可安撫蕭氏一族。

蕭皇后的前半生，享受著因為自己家世和美貌所帶來的榮華和尊崇。她的一生經歷了父子相殘，天下的治亂，以及個人命運的大起大落。她的後半生裡，當過人質、傀儡、囚徒、甚至亡國奴。但是她從來都沒有改變過自己的個性和堅持。如此一個亡國的皇后，如果不是自身有超凡的人格魅力，這六位皇帝無論如何也不會如此看重她。這是一個經歷過真正歷史洪流的女人，在歷史的大勢裡，她或許比不上那些帝王將相、文臣武將，但是作為一個女人，到了七十歲仍然充滿著魅力，仍然受人愛戴，被人尊敬，也不得不說這是一個傳奇。對於這個女人來說，權力是她手中的一個工具，她不貪不戀，只是將這個工具物盡其用；男人只不過是一張棲身的床榻，她不悲不喜，只是默默走過。

長孫皇后

一個成功男人身邊
一定站著一個偉大的女人

她的溫柔裡藏著一絲堅持，她從來都不會盲目地順從和肯定，而是對事情有見識、有態度；她的堅持又透著一股圓融，她絕不會一味否定，而是總能於平淡處細細道出事物的另一面。

曾經有一個朝代，她嫵媚風流而成為國人民族性的象徵；曾經有一個朝代，她絢爛逆流而孕生過一位盛世女皇；曾經有一個朝代，她藝術綻放而在文化上造就詩歌的輝煌。若問誰是此朝人？家住晉陽姓本唐，即李唐王朝是也，享年二百八十九歲，在我國歷史上是按讚率最高的朝代。

那麼，她是如何締造的呢？也許簡單的回答是李淵父子建立的。試想一個偌大國家的建立有這麼容易，三言兩語就能創立一個帝國，把一段歷史釐定明白嗎？殊不知創業有多艱，在這艱難困苦的過程中，不知有多少紅顏為歷史披紅戴綠而被無情地忽略。守業更比創業難，殊不知又有多少巾幗生命因此而短暫消逝。歷史就像個患了失憶症的老小孩，粗枝大葉的脾性與氣質又不知使多少紅塵往事悄悄消逝。

我為歷史而笑，這一笑，笑的是歷史曾為唐朝的建立而見證過一位賢后為天地而感召；我為歷史一大哭，哭的是歷史曾那麼無情地讓這位賢后短短三十六年就把她的一縷香魂消耗；我又為歷史而幸，幸的是歷史不曾因這位賢后的生命短暫而忘了把她的青春悠長祭悼。她是唐太宗的皇后長孫氏。如今，她芳魂有感，要和我們一起訴說那些年她和李世民那些可堪回首的往事。

長孫皇后出生於隋仁壽元年（西元六〇一年）二月六日，小字觀音婢，長安人。母親高氏出身北齊皇族宗室，父親長孫晟是北魏拓跋氏宗室之後，在隋朝官至右驍衛將軍。她從小愛好讀書，並接受一整套正統的教育，擁有知書達禮、賢淑溫柔、正直善良的品性。在她年幼時，一位卜卦先生為她測生辰八字時就說她將來必「坤載萬物，德合無疆，履中居順，貴不可言」。也許未來的可貴與顯達正是以現實中的殘酷命運為基礎和代價。對於此時的她而言，好景不長，到大業五年（西元六〇九年）時，父親長孫晟逝世。無論是哪個年代，再怎麼好的家庭一旦失去父親，對於這個家庭及其成員來說都是莫大不幸。而禍不單行的是，喪父不久之後，年僅八歲的她與母親和哥哥長孫無忌一起被異母兄長長孫安業趕出家門。其母在萬般無奈之下就帶著一雙年幼兒女投奔哥哥高士廉。

據說高士廉「少有器局，頗涉文史」，與薛道衡、崔祖浚並稱先達，結為忘年之交。如此頗具名士風度的人自然不會嫌棄自己的妹妹，他將高氏與長孫兄妹接回家，對他們十分照顧。想來，這也許是上天對她的眷顧，也算是不幸中的萬幸。後來高士廉被貶為硃鳶主簿要遠赴嶺南上任，為了安頓好妹妹一家，特意將自己的大宅賣了，另買座小一些的宅子安置好他們。高士廉又見唐國公次子李世民平日表現非同一般，便做主將外甥女許配給李世民為妻。其舅可算是慧眼識珠，眼光高遠，歷史成就一位賢后並不是那麼容易的事，可事實上終究是成就了。從這一點來說，高士廉可說是功不可沒。若同漢朝的呂后相比，高士廉比呂后她爹不知要高出多少倍，簡直可用天淵之別來形容。

大業九年（西元六一三年），年近十三歲的長孫氏正式成為李世民妻子。她年齡雖小，但已能盡行婦道，悉心侍奉公婆，相夫教子，是一個非常稱職的小媳婦，深得丈夫和公婆歡心。那麼，李世民究竟是怎樣的一位丈夫呢？這只有歷史和歷史上的長孫皇后知道。因為我們沒有月光寶盒穿越到他的時代裡去和他相識相知，也不可能道聽塗說地去對他隨意描摹刻畫。唯一值得慶幸的是，如果史書記載是真確的話，那麼他不僅是位好皇帝，更應該是個好丈夫了。

據記載，李世民年少有為，文武雙全，十八歲時就本領過人；二十歲便有王者風範，能折節下士，廣納賢才；二十一歲隨父李淵在太原起兵，親自率軍攻下隋都長安，使父登上天子寶座，成為大唐王朝的開國之主——唐高祖。李淵稱帝後，改元武德，封次子李世民為秦王，冊封其妻長孫氏為秦王妃。秦王負責節制關東兵馬，數年之內，他揮兵掃平了中原一帶的割據勢力，完成大唐統一大業；唐高祖因之加封他為天策上將，位置在其他諸王公之上。在李世民南征北戰期間，長孫王妃緊緊追隨丈夫四處奔波，為他照料生活起居，使他能在繁忙的戰事之餘得到一種清泉般溫柔的撫慰，從而使他在作戰中更加精神抖擻，所向無敵。

李世民被封為天策上將後，便享有特殊權力，能夠自設一套官署，已然一個小朝廷架式，當時歸於他麾下效勞的文臣武將真可謂賢臣如雲，勢力蓋天。李世民權勢漸長的局面，自然令當時太子李建成坐立不安。於是猜疑和嫉妒之心萌生，他便聯合三弟李元吉企圖謀害同胞兄弟李世民。可陰謀卻被李世民手下的謀士察覺，迫於無奈，在大舅子長孫無忌和謀臣房玄齡的力勸中，李世民終於痛下決心，在玄武門除掉了太子李建成和齊王李元吉。此段骨肉相殘的故事就是歷史上有名的玄武門之變，但這其實也不是什麼大不了的事，只是歷史的口舌太雜，喜歡亂嚼舌根的滾雪球式渲染。像類似的殘忍歷史事件不可勝數，這也許就是維特根斯坦所謂的「家族相似」的道理吧！天生在皇家，歷史上又有幾人能倖免呢？

玄武門之變後，沒過多久李世民被立為太子。事實上，其父李淵心中最賞識的當然是他這個二兒子。對於這種骨肉相殘的慘劇，長孫王妃原本是極力反對的，但面對殘酷的政治鬥爭，她也只能無奈地選擇接受，並且勉力地去理解丈夫。其實，當李世民與李建成之間的嫌隙日益加深之時，她對唐高祖盡心侍奉，對後宮嬪妃也殷勤恭順，極力爭取他們對李世民的同情，竭力消除他們對秦王的誤解。而在政變前夕，她又對秦府幕僚親切慰勉，左右將士無不為之感動。政變之所以能順利成功，長孫王妃竭力發揮自己溫柔的一面起到了潤滑政治的作用，這也許就是老子所說，柔能克剛的道理吧！

李世民被唐高祖立為皇太子後，長孫氏也被冊拜為皇太子妃。不久，李世民升儲登基，十三天後就將自己的妻子長孫氏冊立為皇后。同時，並追贈自己的岳父長孫晟為司空、齊國公，謚曰獻。從上述歷史線索的來龍去脈，似乎可看出女以男貴，長孫氏之所以能一步步登上母儀天下的后位，好像完全是由其丈夫來決定的。這當然不假，可我們的歷史呈現出來僅僅是表面的故事，而幕後的真實和心酸又有誰知呢？何況歷史的敘述始終是以男性為主角，女性再偉大也只是個陪襯而已。這也許就是歷史的蒼白與殘酷。事實上，一個成功的男人背後一定站著一個偉大的女人。唐太宗大治天下，盛極一時，除了依靠他手下的一大批謀臣武將外，也與他賢淑溫良的妻子長孫皇后的輔佐難以分開。

長孫氏貴為皇后，卻並不因此而驕矜自傲，她一如既往地保持著賢良恭儉的美德。對於年老賦閒的太上皇李淵，她十分恭敬而細緻地侍奉，每日早晚必去請安，時時提醒太上皇身旁的宮女怎樣調理他的生活起居，像一個普通的兒媳那樣力盡孝道。對後宮妃嬪，長孫皇后也非常寬容和順，她並不一心爭得專寵，反而常規勸李世民要公平地對待每一位妃嬪，正因如此，唐太宗的後宮很少出現爭風吃醋的韻事，這在歷代都是罕有的。和隋文帝的獨孤皇后相比，獨孤皇后雖然曾把後宮治理得井然有序，但她靠的是專制的政策和手腕；而長孫皇后只憑自己的端莊品性，就無言地影響和感化了整個後宮的氣氛，使唐太宗不受後宮是非干擾，能專心致志料理軍國大事。雖然長孫皇后出身顯貴之家，如今又身為天下至尊，但她卻一直遵奉著節儉簡樸的生活方式，衣服用品都不講求豪奢華美，飲食宴慶也從不鋪張，因而也帶動了後宮之中的樸實風尚。作為天下最有身分的女人，長孫皇后這樣的舉動不是為了塑造自己的高大形象，最根本的原因是為了配合唐太宗休養生息、恢復國力的政策。唐朝建立伊始，天下初平，百廢待興，為了恢復國力，太宗皇帝提倡簡政，而長孫皇后此舉正好是以身作則，用行動來支持自己丈夫的國策，用委屈自己的方式當天下的楷模。

長孫皇后品性高潔，是個懂政治但不干預政治的聖德賢人，她的優點如光普照。她之所以能成就賢聖之名，當然和其丈夫的默契配合分不開。否則，在封建時代一個女人的才德是沒有機會展現的，如果得遇昏君那可能就是冷宮待遇了。由此說來，李世民不僅是明君也是堪配長孫氏的奇男子與好丈夫。當然，長孫皇后的所作所為，她的明理大義其丈夫是深知的。唐太宗也就對她十分器重，回到後宮，常與她談起一些軍國大事及賞罰細節；長孫皇后雖然是一個很有見地的女人，但她不願以自己特殊的身分干預國家大事，她有自己的一套處事原則，認為男女有別，應各司其職，因而她說：「母雞司晨，終非正道，婦人預聞政事，亦為不祥。」太宗不聽，還是對她說得滔滔不絕，但她始終沉默不語。此時太宗卻堅持要聽她的看法，最終長孫皇后拗不過，說出了自己經過深思熟慮而得出的見解：「居安思危，任賢納諫而已，其他妾就不了解了。」她提出的是原則，而不願用細枝末節的建議來束縛皇夫，她十分相信李世民手下那批謀臣賢士的能力。李世民也因此牢牢地記住了賢妻的「居安思危」與「任賢納諫」這兩句話。於是，在天下太平時期，他始終堅持督促將士勤習練兵，對內對外都不放鬆警惕，以致國家長期兵精馬壯，絲毫不怕有外來的侵犯。

至於任賢納諫一事，唐太宗深受其益，因而也執行得尤為徹底。他常對左右說道：「人要看到自己的容貌，必須借助於明鏡；君王要知道自己的過失，必須依靠直言的諫臣。」而敢於犯顏直諫的耿介之士當非魏徵莫屬，他不僅力勸大到失政，也忠諫到細微之事。

有一次，太宗興致突發，帶了一大群護衛近臣去郊外狩獵，正待出發卻被魏徵因時值仲春不宜出獵而站在路中堅決攔住太宗的去路，太宗怒不可遏，下馬氣沖沖地返回宮中，左右的人見了都替魏徵捏一把汗。太宗回宮見了長孫皇后，猶自義憤填膺地說：「一定要殺掉魏徵這個老頑固，才能一洩我心頭之恨！」長孫皇后柔聲問明緣由，也不說什麼，只悄悄地回到內室穿戴上禮服，然後面容莊重地來到皇夫面前，叩首即拜，口中直稱：「恭祝陛下！」她這一舉措弄得丈夫滿頭霧水，不知她葫蘆裡賣的什麼藥，因而吃驚地問：「何事如此慎重？」長孫皇后一本正經地回答：「妾聞主明才有臣直，今魏徵直，由此可見陛下明，妾故恭祝陛下。」太宗聽了心中一怔，覺得皇后說的甚是在理，於是滿面陰雲隨之而消，魏徵也就得以保住了他的地位和性命。由此可見，長孫皇后不但氣度寬宏，而且還有過人機智。她不僅口頭上稱讚魏徵，而且還派中使賜給魏徵絹四百匹、錢四百緡，並傳口訊說：「聞公正直，如今見之，故以相賞；公宜常秉此心，不要轉移。」魏徵得到長孫皇后的支持和鼓勵，更加盡忠盡力，經常在朝廷上犯顏直諫，絲毫不怕得罪皇帝和重臣。也正因為有他這樣一位赤膽忠心的諫臣，才使太宗避免了許多過失，成為一位聖明君王。可見，一代聖君是他周圍的許多人賜予和成全的，在唐太宗的貞觀偉業裡，長孫皇后亦是功不可沒。

也許，退一步講，聖君與賢后的美名應該是雙方心心相印而彼此成全和賜予的。從長孫皇后個人角度來看，高超的家庭生活智慧讓她獲得一世賢名，更為她贏得了一生寵愛。她不爭不佞、順勢而為，善於疏浚意見和引導情緒。她的溫柔裡藏著一絲堅持，她從來都不會盲目地順從和肯定，而是對事情有見識有態度；她的堅持又透著一股圓融，絕不會一味否定，而是總能於平淡處細細道出事物的另一面。

只可惜，這種雙方心心相印而彼此相互成全和賜予的美景是這樣短暫，皇夫、賢后終究天各一方。貞觀八年（西元六三四年），長孫皇后同太宗一起去九成宮（在今陝西麟游）避暑時，身染疾病，且愈來愈重，服用了很多藥物但病情卻並未緩解。貞觀十年（西元六三六年）六月，她的病拖了近兩年時間後，在最後彌留之際與皇夫做出訣別，囑咐他要善待賢臣，不要讓外戚位居顯要；並請求死後薄葬，一切從簡。說完後，她拋下了少年時代相依相伴至今的丈夫，拋下了剛剛弱冠的太子李承乾與魏王李泰，拋下了出嫁不久的愛女長樂公主以及更為年幼的四個兒女，崩逝於長安太極宮立政殿，年僅三十六歲，同年十一月葬於昭陵。唐太宗並沒有完全遵照長孫皇后的意思辦理後事，他下令建築了昭陵，氣勢十分雄偉宏大，並在墓園中特意修了一座樓台，以便皇后的英魂隨時憑高遠眺。這位聖明皇帝想以這種方式來表達自己對賢妻的敬慕和懷念。長孫皇后以她的賢淑品性和無私的行為，不僅贏得唐太宗及宮內外知情人士的敬仰，而且為後世樹立了賢妻良后的典範，到了高宗時，尊號她為「文心順聖皇后」。

長孫皇后盛年而逝，留給丈夫、兒女的是無窮無盡深重的哀痛。唐太宗面對妻子的離世悲慟萬分，諸位皇子公主也悲傷異常，尤其是晉王李治，哀慕感動了周圍的人，唐太宗亦十分心疼，於是做出令世人矚目的舉動：親自撫養長孫皇后的一雙兒女晉王李治與晉陽公主，成了中國歷史上第一位親自撫養皇子的皇帝，也是唯一一位親自撫養公主的皇帝！生命短暫，青春悠長，也許只有在彼此惺惺相惜的深刻繾綣中，才能感知生命此時此刻的消逝；那難捨的青春才化作縷縷香魂，在心中因念念不忘而餘音不絕。

豆蔻女子，溫婉靈慧。英雄少年，有為清俊，天賜良姻，迫於成婚，卻心心相印。一入侯門，從此為君挽青絲。長孫皇后名留青史，她美麗動人，聰明穩重，寵冠後宮；她寬仁大度、從不嫉妒、爭風吃醋，卻擁有一代聖君深深的愛。從不攝政，卻總以古事勸諫夫君，輔助夫君，完成千秋大業。從此便用短短三十六載的委婉人生為君譜寫僅僅二十三年那稍縱即逝的遺世悲歌，曲盡人散，令人此恨綿綿無絕期；扼腕長嘆，令人憶君迢迢隔青天。

長孫皇后，她的生命雖已悄悄遠逝，但她青春的音容笑貌與靈魂卻烙印在她同代人乃至無數後來者的心中。那些逝去的往事似乎仍歷歷在目，清晰可見。猶記當年和太宗在九成宮避暑散步時發現了丹霄殿西面的醴泉，在為高祖梳頭戴冠時感慨「至尊年已高，頭髮都全白了」的畫面……宛若在夢中，彷彿是現實；現實即夢，夢即現實，古往今來又有幾人能說清道明呢？她在短暫的生命旅途中既成就了自己，也成就了他人。無論是在古代還是當下，她都是值得我們傾心仿效與追慕的人。她的生命歲月沒有長度，但在這有限的生命裡蘊含著厚重而富有靈氣的寬度與深度；她的青春不因生命無長度可言而遜色無光，反因此而彰顯得更加亮麗婉轉、動人悠長。滴不盡相思血淚拋紅豆，開不完春柳春花滿畫樓。夢不見緣已盡文德皇后，忘不了層觀登高眺昭陵。展不開的夜色蕭蕭，捱不明的廢寢中宵。唯堪嘆，夢也遙遙，與君朝朝且暮暮。留挽郎，只見青山隱隱，綠水悠悠。

楊妃

孤獨的歷史用七個字記住了她

她流的是皇家的血，淌的是平凡人的淚。在飽受失寵與失貴的那一縷朝代更迭的歷史濫觴中，為了不被遺忘，孤獨的歷史用七個字記住了她。

歷史是寂寞孤獨的，又是熱鬧非常的，說她寂寞孤獨是因為歷史宛如一個懷春的少女，那種春情萌動與含羞帶怒的嬌態讓人望而卻步；說她熱鬧非凡是因那種縱情無忌與由愛生恨的浪態讓人無法自拔以至於惹是生非。此情此景猶如天秤的兩端，一是值得大書特書的風流人物與大奸大惡，一是被遺忘和湮滅的無名小卒與平凡得不能再平凡的泛泛之輩。

處於兩朝更替歷史中的楊妃，命好運不好。在隋朝，她是失寵的公主，在唐朝，她是失貴的妃子。命運喜好捉弄人，歷史喜好玩弄人。無論是公主還是妃子，原本就值得歷史公正地去對待她。如果她不甘屈服，用青春同命運、同歷史去抗爭一把，不論結果好壞，歷史餽贈她的文字絕不會像今天看到的如此吝嗇。不過，歷史是無情也是無道理可講的。在中國五千多年的長河中，不知有多少人被她拋棄與遺忘，皇親國戚也不例外。若從這個意義上說，楊妃用她的包容與順從、平凡與不爭簡簡單單地了此一生，歷史用七個字來記住她，在忘卻中紀念，也稱得上欣慰了。

楊妃，我們今天習慣叫她「楊淑妃」。大抵是受了影視劇作的影響。她的本名以及出生年代，在目前文獻中都沒有詳細記載，這都要拜封建時代的史官所賜，在他們眼裡從來都不認同女人，更何況是像楊妃這樣的女人。幸運的是史官們良心未泯，留下了七個字，這幾乎是史書對我們這位傳說中，極受唐太宗李世民寵愛的楊妃的所有記述。

她是李恪的母親，隋煬帝楊廣的女兒，也是李世民的妃嬪。如果隋朝沒那麼短命，楊妃以一個公主身分，就算不很尊貴，無法如後來的太平公主一樣壓得皇帝百官們抬不起頭來，卻也算得上是上流社會人士，至少人們在表面上要尊重、膜拜一下——在封建社會，敢對皇家人不尊重，那是活得不耐煩了。可隋朝最後終究亡國，她身為隋煬帝的女兒，看起來倒是金枝玉葉，然而大隋已去，她也就只是個亡國公主罷了。

不僅如此，她在隋朝是個沒有受過正式冊封、連封號都沒有的公主。隋煬帝一直不喜西京長安，登基後便如火燒屁股，難民一樣跑到了東都洛陽，而楊妃雖是他的女兒，卻沒有被他帶走，仍是留在長安。楊廣似乎對長安有一種恐懼，就算是確立繼承人，也只是派人回去下個聖旨了事。而楊妃顯然已經被這個粗心大意、志大才疏的暴君遺忘了，他甚至不記得要冊封自己的女兒，當然也可能是他沒有忘記，卻選擇性的忽略。從楊妃的遭遇來看，大概她的生母也不是什麼大人物，更不受楊廣寵愛。可能是長得不好看，對愛美之心、人皆有之的暴君來講，母女相繼不受寵就是理所當然了。隋煬帝對長安有偏見是有據可依的。煬帝共即位十四年，他大多在東都洛陽度過，另外便是出巡途中，而在長安的時間根本不到兩百天。所以，當時的公主——楊妃，如果受到楊廣的寵愛，應該會被楊廣帶在身邊，在李淵攻破長安之時，應該早就遠離了那個是非之地。

楊妃的遭遇，在當公主的時候就已注定，做了亡國公主之後，境遇自然不言而喻。不過似乎後來她為李世民生了一個好兒子，所以才得到史官們特意的一筆：「恪母，隋煬帝女也」。那些以一枝筆表天下的史官對李恪這個人是極度維護的，他們對李恪的各種讚美，想必也是不滿皇帝李世民對待他們的態度，且同情李恪的遭遇，所以特意提到他的母親楊妃是隋煬帝的女兒，來彰顯他們是「天生高貴」，即便史書從未有過對李恪政績和才華的描述。單就「隋煬帝女」這個頭銜可知她在兩朝的地位，想必都是不高的，在隋朝的時候得不到公主封號，在唐朝的時候，史官不屑於記載，只是在彰顯李恪與眾不同時提到她一句，也算是變相的青史留名了，但不過僅是沾了兒子的光而已。

李恪生於武德二年（西元六一九年），所以楊妃是在武德元年年間就已進了唐宮室，隋煬帝是死於義寧二年三月（西元六一八年），這麼說來，楊妃這個時候懷孕，在當時只怕是不合時宜。看過《九歲縣太爺》的人可能都知道這麼一段兒，嚴祿為求避禍，自稱為老母守孝三年，這在古代是真有其事，而身為公主，就算是亡國公主，楊妃也應該先為楊廣守滿了孝吧？可她很明顯是在熱孝期間懷的孕，當然這應該不是她所希望的，如此一來就只能說是李世民霸王硬上弓了。那她這個「隋煬帝的女兒」，且不說在李唐王朝中的地位，單就是在其丈夫眼中的地位也已是可想而知，又怎麼談得上受到李淵等人的禮遇呢？李淵和楊妃，說起來還算表親，不過朝代交替，半分不講親情，再說帝王之家也沒什麼親情可說，李淵在長安登基不久，就把表兄弟的皇宮全盤接收，那麼這個不受楊廣喜愛的公主便淪為李世民姬妾中的一員。

楊妃會被如此對待，其實是很正常的事情，若非當時獨孤皇后對李淵的照顧，讓他還念點舊情，只怕這些故人之後，都要被一個個殺掉，又怎會讓他們有爬上廟堂的機會？自古勝者王，敗者寇，各朝各代，只要亡國，不管是亡國之君還是其宗族後代，不被人追討殺伐已經算是燒了高香，又能指望人家如何禮遇？杜牧在〈阿房宮賦〉中對此有過清楚、尖銳的記載和描述：「妃嬪媵嬙，王子皇孫，辭樓下殿，輦來於秦」。

楊妃到了這裡，算是當了一輩子的受氣包。不過這還未到結局，她是李世民的女人，而李世民作為唐太宗，身邊的女人自然不只她一個。現在，我們來橫向比對比對，看看什麼才是被虐無極限。貞觀年間曾有「四夫人」的封號，並且是以「貴淑德賢」為順序，其中，韋貴妃的封號是非常明確的；楊貴妃，是因為生了個皇子，母憑子貴，可她這貴妃的封號，也是在死後才得來（古人就是喜歡搞這一套，也真是無奈），不過死後能當貴妃，那生前品階肯定也是不低的；燕德妃，是得到了升遷；陰妃就沒那麼走運了，她的兒子因為謀反被殺，自己受到牽連，被降為了「嬪」；最後一位是鄭賢妃。這麼算來，已經有了四個，沒有楊妃的位置，可見又是個死後追封。

現在的影視作品當中，大概李恪就是李世民最喜歡的兒子，楊妃似乎時來運轉，可事實卻並非如此。楊妃在武德八年（西元六二五年）之後生蜀王李愔——這裡也是可以推斷的：武德年間的皇子皇孫，按照慣例，都是在一歲時接受封號，但在武德八年時，李世民的兒子中只有第五子李祐受封，所以第六子李愔最早也是武德八年之後才出生。楊妃沒有為李世民生下女兒（這在那時候看起來，肚子倒是爭氣的），唐太宗時期，共有二十一位公主，要是重量級的人物，史官都會進而記載。

李恪在大家眼中，可能是極受寵愛的，但事實上並不是，如果說他的母親楊妃是受氣包一個，那他就是第二個。他實在有些倒楣，因為如果他不是楊妃之子，說不準後來的皇帝就不是李治了，不過李恪只是李恪，他是沒有那個本事為自己選擇娘胎的。那麼作為楊妃之子的李恪又是如何「受寵」的呢？

傳說李世民曾稱讚李恪「類己」，但那只是曾經，卻非經常的意思。不過，他對自己其他兒子的稱讚可是極高的——唯獨對楊妃之子李恪顯得吝嗇，像後娘生的一樣。不過，李恪沒有權力去選擇，他只能默默承受。

李恪也真是在承受，他在貞觀七年（西元六三三年）去到封地，算是逆來順受，因為和他一樣大的李泰，不僅沒去自己的封地，還差點進了武德殿，有賴賢相魏徵的勸諫，這才讓唐太宗的想法沒有付諸實施。這就是所謂的人比人氣死人，李泰受到這般榮寵，想必還不是最讓李恪著急上火的，因為他的兄弟李治一直由長孫皇后撫養，皇后死了之後，又是唐太宗親自撫養，進而就讓那李治當了太子。

在唐朝，皇子都是要被封王的，各個親王到了一定年紀，就要到自己的封地上去。

這是為了防止親王勢力過大，最後對抗中央，也是為了杜絕諸皇子對皇位的覬覦之心，以免到最後一發不可收拾。據說唐太宗經常對李恪說的一些話，意思就大略如上。但在實際上，這些話其實不應該對他講，因為他對皇位的威脅並不大，倒是更適合對太子言明，畢竟太子才是有可能當皇帝的人，而太子李治的親兄弟李泰，則是對皇位威脅更大。而唐太宗選擇把對皇位沒有什麼實質性威脅的李恪趕走，其對眾子的偏心可見一斑。

最後，被人們口口相傳李世民想要立李恪為太子之事，源自貞觀十七年（西元六四三年），李世民剛立了十五歲的李治為太子沒多久，他覺得李治可能沒有辦法駕馭大唐王朝，所以想要換一個人來扶植。說白就是後悔了，可是看了自己一群兒子，氣得是一佛出世，二佛升天。他的兒子當中，貪財好色者有之，謀反被砍殺者有之，早夭者有之，剩下的不是年幼，就是無能。看起來，就是沒有一個人比那李恪更適合了——而李恪又是他最不喜歡的兒子，沒有之一。

若假定李世民想要改立李恪是經過深思熟慮的，那麼長孫無忌跑到他跟前「密爭之」也是徒勞。在大唐，李世民才是主子，長孫無忌就算有功，當然也是不能左右皇帝選擇，長孫無忌老實一點還好，他要是想把持朝政，只怕是出氣易，這要進氣，就是極度困難的事情了。退一步來講，在封建時代，皇儲的確立是國家大事，真要換太子，絕不會如此草率下決定，不說跑出去祭天這麼誇張，但也得多找幾個人商量一下吧？

李恪被假想為皇儲，只是一瞬間的事情，就算不做那麼多分析，我們也可以從正史的記載篇幅來看。他當皇帝的事情真要被提上日程，那肯定要經受許多折騰。可惜啊，他是楊妃的兒子，所以長孫無忌第一個不同意。因為楊妃是隋煬帝的女兒，真讓那小子做了太子，幾乎就是隋朝順理成章的復辟，他們累死累活打了個天下，最後又被煬帝的孫子不費吹灰之力給拿回去，這可是想想都覺得要瘋掉的事情，所以他極力阻止。

真正最介意李恪出身的，其實並不是長孫無忌，而是李世民。他昏頭的時候當然覺得李恪為太子其實也沒什麼不好，可是當深思熟慮之後，他就會扔掉這個念頭，甚至覺得剛剛是自己的幻覺。不過，李世民多半會慶幸自己沒有做出那種讓自己後悔的事——一旦立李恪為太子，那麼他喜歡的幾個兒子未來就很難有保障。這一點顯然是非常重要的，他在立太子的時候立了李治，也正是在為這一點著想，立了別人說不定就手足相殘，他覺得李治是個溫良的人，如果讓他當了皇帝，多半不會對自己的手足兄弟下手。

至於李恪這個後生小子，他老媽是隋煬帝的女兒，在宮裡，當然沒有人敢親近這個有些孤苦的女人，生怕被栽贓造反之名，誰又能頂得住這個大帽子呢？而李恪自己又常年待在封地不能出來，跟朝中大臣並無太多交集。所以，在自己兄弟們爭奪太子之位時，自然是沒有人幫他說話的。第一，他難以與朝臣交好，朝臣不會為了一個登不上皇位的人，選擇去得罪其他皇子；第二，他的兄弟們如果真的爭了起來，不見得能爭得過他，現在沒有了他這個威脅，那是再好不過，沒有哪個人吃飽了撐著去為他申辯一下說他有資格，那是給自己找麻煩；第三，李世民不可能沒有注意到這一點，而他的不作為，其實正說明了他的態度，他不喜歡這個兒子！

所以說當他的兄弟們爭奪皇位的時候，他甚至連在一邊喊加油的資格都沒有。其實，唐太宗也算是未雨綢繆了，他也在防著別的兒子反攻自己立的太子，當然，對自己喜歡的幾個兒子，他也是有區別對待的。李恪與李泰同時受封，李恪只得了八州，而李泰則是二十二州！而且還不只這點，李恪受封的地區，可說是山窮水惡，遠沒有李泰受封的土地來得富裕，其間差別就算不是身臨其境，想必也能體會一番，這事情，李恪估計要氣得翻白眼，說不定還會口吐白沫呢！可是形勢比人強，他只是兒子，不服不行。另外，李恪因為在封地上打獵踩壞了莊稼，被李世民一張聖旨從都督貶成了刺史，本來也就八百俸祿，這下好，又被削掉三百。後來他和別人賭博，又被削了一次。被自己的老子削成這副模樣，他還真是古來第一人。

李世民雖然是皇帝，看起來也逃不脫常人的心理範疇，他對兒子也有偏愛，當然也有厭倦的——李恪就是他所厭倦的那個倒楣蛋，而相對李恪而言，那李承乾等人就要走運得多，就算是謀反，也不會危及性命；而李泰奪嫡事敗，也是不到四年就官復原職。這種事要是給那李恪和他那胞弟李愔攤上，那就是三個頭並排長在一起，也得一刀給「刷」個乾淨啊。不過他們兄弟倆這麼招老爹李世民的厭惡，只是犯了點小錯給削了點戶，而沒有被李世民一刀砍死，也算是走運的。李恪，雖然身上的血脈與眾不同，卻只不過是一個平凡人，一個普通皇子，而且是一個不受寵的皇子，他既非賢明，亦不受寵，占不得天時地利，甚至連人和都不占，所以他登不上王位，幾乎是注定了的事情。

似乎楊妃的一生也是早已注定，注定要被命運歧視；注定不能母憑子貴；也注定了她要在非凡的歷史中鑲嵌平凡的人生。她沒有楊貴妃的顧盼傾城與輓歌長恨，沒有武則天的聲名顯赫與謠諑明空，更不會有普通帝室貴胄在未來歷史中的流芳千古與遺臭萬年。她流的是皇家的血，淌的是平凡人的淚，在飽受失寵與失貴的那一縷朝代更迭的歷史濫觴中，為了不被遺忘，孤獨的歷史用七個字記住了她。

輯四

生在帝王家

不將就
才能做自己

平陽昭公主

把才華獻給自己喜歡的事業和人生

她是唐朝甚至是中國歷史上唯一一個以軍禮下葬的女人。而且諸多線索表明，她很有可能就是花木蘭的原型。她從來都不甘於做一個相夫教子的某某夫人，而是要把自己的才華獻給自己喜歡的事業和人生。

如果要推出一個中國古代十大傑出女青年排行榜，武則天和花木蘭這兩位想必是毫無疑問可以上榜的。武則天是中國唯一的女皇帝，她上榜毋庸置疑。而花木蘭作為中國民間文化以及中國女性獨立精神的代表，上榜也是在情理之中。相比於武則天來說，花木蘭的經歷更多的是以傳說故事流傳於世，而對於歷史學家來說，他們卻樂於在浩瀚的歷史海洋中挖掘這個傳說人物的歷史原型。而通過各種歷史邏輯推斷來看，某些歷史學家們提出一個大膽假設——花木蘭可能就是唐朝平陽昭公主。

首先我們就來看看，這個平陽昭公主是個什麼人。歐洲歷史上有一個非常著名的女英雄「聖女貞德」，她為了拯救家鄉、拯救法蘭西，披上戎裝打敗英國侵略者的故事，在歐洲可謂是家喻戶曉，大導演盧貝松還專門為她拍了一部同名電影。而唐代這位平陽昭公主，她的事蹟和經歷，和聖女貞德比起來可謂是不遑多讓，而從她的地位和功績來看，和「聖女貞德」相較甚至是有過之而無不及。

平陽昭公主，是李淵與嫡妻竇氏的三女兒，大部分人都知道她那幾個大名鼎鼎的哥哥，對於這位李家三娘子，許多人都很陌生。「平陽」是這位公主的封號，而「昭」則是她去世之後的謚號。漢朝也有一個平陽公主，這位平陽公主是漢武帝的姊姊，因為嫁給了平陽侯曹壽，而隨夫家得了平陽的封號。至於這位號封平陽，謚號為「昭」的李三娘，她的爵位和封號卻是在戰場上得來的。在李淵起兵反隋之前嫁給了年輕有為的將門之後柴紹，柴紹當時已經是元德太子的千牛備身，即太子的儲備大臣。柴家在當時是名門貴族，對於李三娘來說享一世榮華、與一人終老應該是最好的歸宿。可是造化弄人，她的命運注定要與一般人不同。

隋末，大業十三年（西元六一七年）隋煬帝被困江州，大隋政權風雨飄搖，時年五月李淵在太原起兵反隋。身在長安的李三娘和丈夫柴紹第一時間收到了李淵來信，要召二人回太原效力。對於一般女人來說，此時丈夫在京城擁有體面的身分、光明的前程，即使是自己父親相召，想必要讓一個享受了半生貴族生活的婦道人家放棄榮華富貴、放棄一生安寧，定會十分艱難，然而李三娘卻在此時展示了李氏血脈和基因裡非凡的豪放。由於李柴兩家是世交，而且天下大勢確實已發生了驚天巨變，柴紹決定離開長安返回太原協助自己的岳父起兵反叛。但當時柴紹屬於太子人馬，在這麼敏感的時期離開長安前往太原，任誰都能看出其中內情。柴紹此時猶豫不決了，一大家人同時離開長安，由於動作太大，定會受人矚目，一旦被攔截，全家人都會陷入危局。

而如果自己隻身離開，又著實不放心。柴紹此刻憂心忡忡地擔心平陽，結果沒想到自己的妻子比他更有主見，直接來了一句：「你應該趕緊離開，我是一個婦人，遇到危險容易躲藏起來，到那時自己會有辦法的。」於是，柴紹先行去了太原，而幸運的是，最後李三娘帶著家人也平安離開長安。

一個女人在危急關頭能有這份見識和勇氣，想必柴紹應該也是十分慶幸的吧。李三娘沒有把個人安危放在心上，她希望自己的丈夫能幹出更大的事業。而且最重要的是，她自己就是一個心存天下的豪俠女，也就是這份勇氣和見識，讓她成就自己的傳奇。如果說一個女人僅僅是在背後默默支援丈夫的事業，也只能說這樣的女人是男人的賢內助，只有當她真正擁有自己事業的時候，她才真正掌握人生。

李三娘就是這樣一個不想只做男人賢內助的女人。從長安逃離之後，平陽第一站就來到了李氏家族的發源地陝西鄠縣。她女扮男裝，以李公子的身分變賣掉李氏莊園產業，將這份產業變現，作為父親舉兵的第一筆軍費。而後利用李氏在當地的聲望，迅速召集第一批隊伍。雖然只有幾百人，但是在舉兵初期也是一個重大的鼓舞。對李三娘來說，這只是她過人才華的第一次展現，如果簡單地用「女漢子」三個字來評價她，顯然有點不夠，她接下來所展現出來的氣場，簡直就是一個唐朝版的「霸道女總裁」。

想要在豪強林立、天下紛爭的局勢中站穩腳跟，對於缺兵少糧的李淵來說，光靠這幾百人肯定是不夠的。於是李三娘馬不停蹄，穿梭於隋帝國西部各個義軍的營地之間，透過李氏家族貴族的身分，透過自己的風姿和魅力，以及對天下大勢的認知見識，在短短三個月時間裡，就招納了四五支小有規模的起義軍加入李唐陣營。因為她堅信，李氏家族這塊招牌與當時那幾支農民起義的草台班子相比，占有絕對優勢。雖然李氏家族當下沒有更大的軍事實力，但是他們有地盤、有錢糧，而且對於那些並沒有稱帝野心，但是卻又實力雄厚的地方割據勢力來說，與其拿著自己的身家性命投身一場沒有後路的賭博，還不如出些錢糧與兵員，投資在李氏家族身上。對一些急於出頭的沒落貴族甚至普通人，更是希望通過李氏這支「原始股」，為自己的政治前景找到一個大翻身的良機。

這諸多起義軍中規模最大的就是胡商何潘仁的武裝，李三娘很清楚地知道，對於李家來說，何潘仁這樣的義軍就像正在尋找平台的ＣＥＯ，他有隊伍會打仗，而自家這面貴族的旗號，可以說是所有反隋大軍中口碑和發展前景最好的。李氏占據河東，底子比較穩定，而且又獲得地方勢力的支持，這個台子已經搭起來，就缺像何潘仁這樣的人上台唱戲。對何潘仁此等胡商來說，能進李氏家族占據高位，也絕對是他的機會。於是李三娘只是派了自己的家僮馬三寶出馬，就輕易把何潘仁給挖了過來。史書上是這樣記載的：「馬三寶，性敏獪。事柴紹，為家僮。紹尚平陽公主，高祖兵起，紹間道走太原。三寶奉公主遁司竹園，說賊何潘仁與連和。潘仁入謁，以百兵為主衛。」

透過李三娘積極聯繫，聚集在河東的李仲文、向善志、丘師利等義軍也先後加入李唐陣營。而且在這些地方武裝加入的時候，還順便攻占了戶縣、周至、武功、富始平等地。在此之後，這支由綠林豪傑、小地主、商人組成的義軍逐漸形成規模。李三娘不僅外交功夫厲害，帶兵打仗也絲毫不弱。她帶領的這支軍隊不僅紀律嚴明，而且作戰勇猛，軍隊很快就發展到七萬多人，並以「娘子軍」著稱。這支軍隊之所以號稱為「娘子軍」，就是因為統帥李三娘被人稱為「李娘子」。這支軍隊也成了李唐王朝建立最初的一股重要軍事力量。李三娘的娘子軍，不僅受到地方百姓的稱譽和愛戴，而且還數次對隋帝國的正規軍給予重創。在平陽等人的努力下，李家的軍隊很快平定關中，占領了長安。為表彰自己女兒的赫赫軍功，李淵下令封她為「平陽公主」。在李淵看來，如果沒有李三娘的這支娘子軍，關中的平定肯定不會那麼順利，他自己能有這樣一個女兒，簡直就是上天賜予的禮物。

在關中平定之後，李唐集團可以說是初具規模了，但是李氏家族還不過是一個坐擁關中平原的地方勢力，它的周圍仍然強敵環伺。於是坐鎮長安的李淵派出李世民東出潼關逐鹿中原，而平陽公主和駙馬爺柴紹則作為中堅力量被派往西面，駐守李家的大本營山西。在亂世紛爭的年代裡，將自己的老巢和根據地交給女兒女婿，可見李淵對平陽公主有多看重。在李世民出征之前，平陽公主親自在自己的娘子軍中挑選一萬多的精兵贈予哥哥。她是多麼希望陪著自己的哥哥一起去征討四方，同時她更希望哥哥帶著勝利，帶著整個家族的期待凱旋。平陽公主在與自己的父兄離別之後，她與夫君柴紹率部駐守山西。就算回到山西，平陽公主也沒有把自己當成山西第一夫人，繼而開始享受安逸的生活。她彷彿只有在戰場上，只有在金戈鐵馬的廝殺聲中，才能真正綻放，而事實證明，馬背和戰場確實是屬於她的舞台。

山西今天有個地方叫娘子關，相傳就是平陽公主李三娘當年駐軍的地方。後世還有詩作讚譽平陽公主：「夫人城北走降氐，娘子關前高義旗。今日關頭成獨笑，可無巾幗贈男兒。」在平定關中的戰役裡，平陽公主體現了她的見識與膽魄，而在娘子關、在山西，平陽公主則將她的智慧和謀略體現得淋漓盡致。當然這裡的很多故事並沒有出現在正史當中，但是這些野史就像花木蘭的傳說一樣，成為當地人心目中真正的傳奇，使平陽公主成為唐朝女性中最閃亮的明星。在野史和傳說裡，平陽公主所指揮的最著名、最經典的戰役要算「米湯退敵兵」了。

據說平陽公主鎮守娘子關的時候，瓦崗名將劉黑闥率部來偷襲。雖然劉黑闥所率兵力並不是很多，只是一支先遣部隊，但是他足智多謀、驍勇善戰，所率部眾更是精銳之師。而娘子關上兵力不足，戰備物資缺乏，根本無法抵擋大規模的軍事進攻，增援娘子關的援軍也遲遲沒有來到。娘子關上愁雲密布，平陽公主更是憂心忡忡——唐軍勢弱，劉黑闥來勢洶洶，這仗是打不贏的。而自己也不能逃跑，這一跑娘子關失守，可就讓整個山西門戶大開了。平陽公主心想此仗可不好打。到底怎麼能讓關外的敵軍暫時不要對娘子關發動進攻，讓援軍有時間趕到呢？

平陽公主站在城牆上心急如焚，她看著關外敵軍個個躍躍欲試、趾高氣揚，她又看了看關內唐軍軍營，士兵們個個沉默寡言、面色凝重。她再抬頭向遠處一望，忽見城外戍邊士兵種的稻子熟了。平陽公主突然靈機一動，立馬下令讓一隊士兵將稻子全部收割進城，然後架起一座座大鍋，將這些新米倒入鍋中熬起米湯來。娘子關上的唐軍士兵全都愣住，可是公主下令他們又不得不從。平陽公主當時腦子進水了嗎？要知道那可是老百姓辛辛苦苦種出來的米糧啊，就這樣煮出來倒掉豈不可惜？而且隨意踐踏百姓米糧，恐怕也會令當時的娘子軍威望大跌，而且會令平陽公主的聲譽受損。然而就在平陽公主「不務正業」煮米粥的第二天，劉黑闥的軍隊卻莫名其妙地悄悄退軍了。娘子關的將士們個個目瞪口呆。這是怎麼回事呢？

原來這是平陽公主在娘子關上唱的一齣空城計！平陽公主料想劉黑闥敢率眾來犯並不是因為他們知道娘子關上兵少將寡，而是想來娘子關偷襲撿漏。娘子關是一處險要關隘，若有重兵把守，他劉黑闥縱有數萬大軍，想要攻下此關也絕非易事，何況劉黑闥所率的只是萬餘人的先頭部隊。平陽公主知道只要不洩漏城中缺兵少將的軍情，並讓不知虛實的劉黑闥相信娘子關上兵強馬壯，熟諳兵法和韜略的劉黑闥肯定會知難而退。平陽公主在城牆上看到戍邊將士所種的稻子時，她突然心生一計。身在軍旅多年的平陽公主知道在部隊糧草緊缺的時候，部隊都會減少糧食配給，讓士兵喝米湯充飢。而米湯就是拖延戰機，讓劉黑闥不敢攻城的定海神針！

她遣上一隊人馬星夜出城，把所有白天煮出來的米湯灑在關外的平地以及唐朝援軍必經的官道上，而另一隊人馬則在城內連夜趕製軍旗和戰鼓。這米湯與馬尿的顏色非常相似，大隊騎兵過境之時必然會在路上留下大片馬尿，平陽公主正是用這米湯在冒充馬尿，而留在城外的「馬尿」必定會被劉黑闥的探子發現。探子打探軍情只能在遠處瞭望，自然分辨不出真假。而這麼多「馬尿」灑在城外，讓劉黑闥大吃一驚，他劉黑闥本來就是偷襲，要是被城裡的「唐朝大軍」繞到自己後方，來個前後夾擊，自己可就玩完了。於是連忙下令準備悄悄撤退。城頭上的平陽公主，一看劉黑闥正在悄悄撤退，立馬命人將前夜趕製的眾多軍旗舉起，戰鼓擂響，擺出一副大軍出動的態勢來。這心裡本來就犯疑的劉黑闥，聽到雷鳴般的鼓聲大震，看到漫山遍野的旌旗招展，撒開馬蹄就率軍隊落荒而逃。興許他心裡還暗自慶幸自己跑得快呢。而娘子關就此度過了一次危機，等劉黑闥反應過來時，大唐援軍已經趕到，娘子關也固若金湯了。

平陽公主的一生足夠精采，但是她去世之後，關於她的故事和傳說卻更加讓人神往。平陽公主死於高祖武德六年（西元六二三年），《舊唐書．卷六十二．列傳第八．平陽公主傳》是這麼記載的：「武德六年薨，葬加前後部羽葆、鼓吹、大路、麾幢、虎賁、甲卒、班劍。太常議：『婦人葬，古無鼓吹。』帝不從，曰：『鼓吹，軍樂也。往者主身執金鼓，參佐命，於古有邪？宜用之。』」李淵認為她明德有功，於是給了一個謚號叫「昭」。史書上記載的這個葬禮規格，並不是普通公主葬禮該有的，而是「軍禮」，管禮制的官員還說自古以來，女人沒有享受軍禮的。而唐高祖力排眾議，堅持讓自己的女兒用軍禮下葬。可見李淵對自己女兒的喜愛、認可甚至是敬重。

關於平陽公主的死，在史書上有一些爭議，這些爭議無非是說公主並非戰死而享用軍禮，不合禮制。在這些迂腐的禮官眼裡，非要遵循戰死才能行軍禮的古制，而從來都沒有想過要真正讚賞一個在男人獨霸的領域內，做出巨大貢獻的女人。平陽公主離世之前剛生下一個女兒，後來被封為巴陵公主。後世文學作品大多數認為平陽公主死於非命，還有的說法認為是因為公主長期為國而戰，以至於得了「血崩」而死。當然還有些人認為她是死於政治之亂，在李世民為了奪得皇位而與李建成相互鬥爭時，被李建成派人暗殺掉。還有人認為，平陽是李建成和李世民的調解人，為了皇位，李世民故意引誘平陽公主中埋伏，以至於一代巾幗英雄戰敗身亡。可是這些畢竟也只是想像，真實狀況只有當事人知道，偌大的大唐江山，有這樣的公主也是它的驕傲了。

公主的故事到這邊也就差不多了，因為歷史上關於她的記載實在太少，甚至平陽公主做出了那麼大的貢獻卻連名字都沒有被記載下來。頑固老朽的朝廷史官並沒有因為這位公主的特殊貢獻，而為她多留下幾行筆墨。然而在天下百姓心中，大唐的平陽昭公主卻以另外一個形象鮮活了起來，這個形象就是花木蘭。有好事者曾經提出過幾點理由：

第一：花木蘭，木蘭花，蘭就是花，木蘭就是所謂的木子，也就是說花木蘭意指的是大唐李氏。

第二：女子在戰陣上有所建樹者並不多，樊梨花、穆桂英、梁紅玉等人都有比較明確的時代背景。只有平陽昭公主與花木蘭的時代比較接近。

第三：雖然歷史上的木蘭詩是北朝樂府詩集裡的，但是真正成形以及流傳卻是在隋唐。為什麼偏偏在隋唐這首詩歌才成形，這也是值得考究。

第四：唐朝皇帝封花木蘭為孝烈將軍，為何唐朝皇帝要冊封一個北魏女子為孝烈將軍呢？

第五：木蘭在故事裡的結局是被封為武昭公主，在一些地方花木蘭也被稱為「昭烈娘娘」或者「昭烈小娘子」。正巧，我們的平陽公主謚號也是「昭」。

當然，這上面僅是好事者的揣測，到底平陽昭公主是不是花木蘭，這段傳奇是不是確實有一段真實歷史來源我們無從知曉。但是花木蘭和平陽昭公主的性格和經歷都是十分相似的。最主要是作為女人，她們在一個男人獨霸的領域內，完成了多數男人完成不了的功績。我願意相信，花木蘭的故事，就是平陽昭公主傳奇在民間的繼續。她們無所畏懼，愛其所愛；她們不甘凡俗，勇於折騰。她們在歷史的天空下寫下了女人的姓名，她們在看似被注定的人生裡，綻放出人意料的光芒。

高陽公主

富貴只不過是一隻狗

我的一生不圖榮華，不為恩寵，只想為自己不安分的靈魂找到一泊歸處。我做女人，不諂媚，不畏懼，你愈強橫我愈要跟你鬥到底！

大唐風風雨雨，前後共歷經二百八十九年，其中最讓人津津樂道的，便是它實力上的強盛和民風的開放，而我們今天要講的高陽公主，就是這樣一位個性開放的公主。高陽公主，名字不詳，出生年月不詳，老爹李世民，生母，也不詳。好在高陽公主在千餘年前的唐朝還算是個有名的人物，所以，歐陽修（北宋）等人在他們所編著的《新唐書》中，對她的事蹟還有所描述。這些描述，儘管存在爭議的地方頗多，至少也為我們刻畫了一個大唐公主的模子出來，讓我們能對她有所了解——當然，我們不能盡信於書。

按照《新唐書》裡〈公主傳〉對唐代公主的記載來看，高陽公主在其姊妹之中排行十七，我們根據其他史料可以發現，在高陽公主之前，還有幾個早夭的公主，《新唐書》並沒有記載下來，所以這個排行大約是不準確的。當然，我們不是專研歷史，高陽公主是排行第幾與她的事蹟其實無關緊要，我們也不必細細斟酌，這也與她是否受唐太宗的寵愛無關。可是從後世影視資料來看，高陽公主是非常受唐太宗喜愛的——這一點，應該是毋庸置疑，不僅影視中如此，就算是從現存史料中來分析也是這樣，她就算不是李世民最喜歡的女兒，至少也是應該排在前列。

地球並非宇宙中心，所以這天上從來不會掉下餡餅。王朝之中恐怕只有公主這個名號，才是最好混的。她們不用像王公大臣一樣，或爭名奪利，或小心翼翼地在陰謀詭計中保命，不是你死就是我活，是好人就盡心盡力輔佐皇帝，累個半死，可能到最後還討不了好；她們不用像後宮裡的三千佳麗一般，為了爭奪皇帝的寵幸而費盡心機，甚至眾叛親離。公主只需要恃寵而驕，狐假虎威就行了。甚至連狐假虎威都不用，對別人來說，她才是真正的老虎，沒有哪個人活得膩了去招惹她們。

以上，我們看到作為一個公主得到的好處和美好的地方，但是，任何事物都存在兩面性，作為公主的她們既然享受到皇室這個身分給她們帶來的優質生活，也就必然要為皇室承擔相應比例的危險和榮辱，甚至有時候還要貢獻出自己的婚姻，討好外族，換來江山的安寧——史上的義成公主、文成公主等皆是如此。

將軍沙場百戰，養兵千日，用在一時。其實統治者養個公主，跟養兵的目的是一樣的，所不同的只是公主不用跨上馬背把腦袋別在褲腰帶上掄刀砍人而已。眾位公主們吃到肚子裡去的，總有一天要連本帶利吐出來。其區別，只是有的公主吃下去的太多，當「老大」的已經沒有那個本事讓她們吐出來，而另外其他公主呢，便要弱上一些，她們遠遠達不到與皇帝對抗的地步，這時候下場往往不好，不僅要獻出自己的身體和幸福，有的甚至還要遠嫁他方。而最好的結局，也就是皇帝要她們嫁的那個人還算是個正人君子，這樣她就可以由一個賢妻良母的身分，繼續頂著那公主的頭銜生活下去。

這裡頭最具代表性的，一個是唐代太平公主，另一個便是隋代的義成公主。她們倆一個在家裡壓得皇帝抬不起頭，另一個為了所謂的和平遠嫁突厥，實在是極強烈的反差。而高陽公主這個人，其實算不上特別突出的人物，唐太宗把她嫁給自己寵臣房玄齡的兒子，比起義成公主極為淒哀的處境來講，已經好太多了。史料記載，貞觀十五年（西元六四一年），唐太宗將高陽公主下嫁於「房謀杜斷」中房玄齡的第二子房遺愛，這倒是個意外的發現，因為史料有載唐太宗時的公主，出嫁時年紀最小的為十二歲，我們以此來推斷，高陽公主應當是生於武德與貞觀之間，不過這裡還有一些爭議，此處略過不談。

皇帝的女兒，從來都不愁嫁個好人家，只是愁嫁不了好郎君。太宗皇帝給自己女兒所安排的婚事，其實是非常不賴的。房家，家主是房玄齡，就是歷史上鼎鼎大名的「房謀杜斷」中的「房謀」，老房可是當朝宰相，門生故舊遍布朝堂，地位和勢力在整個王朝都是排得上號的。而且房家男人更是出了名的怕老婆，高陽公主的婆婆就是天下第一醋罈子，她就是當太宗要給房玄齡找小老婆時，便嚷著自殺的盧氏。可見在這個房家，女人地位非常崇高。說到這裡，我們再來看看高陽公主的駙馬房遺愛是個什麼樣的人。「誕率無學，有武力」是史書上的評價。按照唐朝尚武之風盛行的審美標準來看，房遺愛雖然不愛讀書，可能是一個頭腦簡單、四肢發達的肌肉男，至少他也是一個有英武之氣的貴族少年。唯一美中不足的就是，房遺愛有個哥哥。

其實，高陽公主能有這個機會嫁給房遺愛，這也說明李世民對她是極其寵愛的。可是皇帝的寵愛不代表能給得了她幸福。她是公主，皇帝的女兒，天下都是她家裡的，對榮華富貴本來就不看在眼中。她什麼也不缺。嫁給房遺愛，多了更多的榮華，就像一個養狗之人，突然間又多給了她一條狗。儘管唐太宗把高陽公主嫁給房玄齡的兒子，看起來是出於對高陽的寵愛，而這種寵愛，是那些遠離唐太宗身邊的公主所享受不到的，她卻只有三個字，那就是：不喜歡。榮華而已，她憑什麼要喜歡？她堂堂的高陽公主，憑什麼要喜歡房遺愛這個可能腦子裡都長滿了肌肉的傢伙？

榮華富貴，於高陽公主而言，豈不就是一隻狗？她歡喜的時候可以拿來逗弄一下，不高興的時候就一腳踢開，這是說一隻狗的情況，而再多一隻，就不再是消遣，而是負擔了。房家的榮寵對她來講，何嘗不是一種負擔？那潑天的榮華，其實已如利斧一樣，懸在房家的頭頂，也懸在她高陽公主的頭頂，此時的她，雖然還不至於因此喪命，卻應該是栗栗危懼的。

在李淵打天下的時候，房玄齡於李世民手下出謀畫策，是李唐的倚仗之一，可以說是李唐王朝的開國功臣。到了秦王時代，房玄齡更是把李世民推上皇位的主要策畫人。秦王成了唐太宗之後，房玄齡雖然屢屢對皇帝有所冒犯，但太宗雄才大略，胸襟氣度都是不凡，更尊他重他。房家是一個依附於李唐新王朝的新貴族，太宗皇帝不可能卸磨殺驢，房家也更加不可能腦子進水心生反念。然而老房不謀反，這不代表小房不謀反。太宗不殺功臣，不代表太宗的兒子不殺功臣。唐太宗畢竟不是神，他是人，是人都會死的，而這時候的李世民已經老了，看起來當不了幾年皇帝，高陽公主心中更是躁動，因為李治這時候，已經積極為即將開始的勢力交接做準備了。

而高陽公主心裡就是一百個不願意，她還是擰不過父皇的恩旨。當時房遺愛更收公主的侍女淑兒為妾，並因李世民對高陽的喜愛，房遺愛這隻「烏鴉」也升了天，當上了右衛將軍。唐朝的婦女不見得都跟女皇武則天一樣，追求獨立，有著當皇帝的魄力，可是這幾個跟武則天距離較近的人，無論在前在後，都有著超乎一般人的想像力和個性。跟現代的店大欺客一樣，高陽公主在房家雖然只能算是客，卻已是客大欺店——有公公房玄齡在的時候，她還收斂一點，房玄齡死後，房家便對她無可奈何。

高陽公主是個聰明的女子，她知道虎雖老威尚在的道理，她如果跟房玄齡鬧起來，房玄齡雖然不見得能搞得定她，但自己這種舉動一定是為唐太宗所忌諱的，而她的失寵更是必然，所以房玄齡在世的時候，她就算胡鬧，也不會怎麼惹到老房的頭上——何況她還有個皇帝猶畏懼三分的婆婆在？可是死人不管身後事，房玄齡這時候已老得不行，何況他一生殫精竭慮，CPU運轉時間過長，死得早一點也是能夠理解的。房玄齡死後，房家宣布高陽時代的到來。為什麼？高陽公主堂堂的帝國公主，這時候又嫁得門當戶對，為什麼要爭權奪利呢？難道她已經得到這樣的榮寵，卻還不滿足嗎？

她當然不滿足。這時候的房家，看似家族勢力登峰造極，實則如臨深淵。皇權交接之時，必定有一場站隊之爭。房家不像那些傳統的豪強貴族有地有產、有兵有錢。朝中坐不穩大不了回地方去。房家的崛起完全依靠著李唐王室，如果一旦跟王室結仇，整個房家將無處可去。而她高陽公主在新皇登基之後，只不過是一名前朝長公主。房家站對了隊則好，她高陽還能享盡一生榮華，可如果房家萬一成了政治犧牲品，那她高陽公主就真的一錢不值了。她高陽在此時真正可以依靠的只有太宗皇帝，只是李世民百年之後，就算曾經是唐太宗，到那時也不過是一個死人。

死人就只能占墳墓那方寸之地，所以即使他喜歡高陽公主，難道能起屍來幫助她不成？一個死人的喜歡，其實沒什麼大用，最多也就是新皇對她下手的時候，會有幾個膽子大到塞住腦子的忠臣，以先帝的名義為她說兩句話——兩句話可架不住劊子手那柄九環大砍刀，高陽公主深知這一點，與其坐以待斃，不如把命運掌握在自己手裡。所以，她一定要先下手，趁著房家還沒有倒，趁著皇帝還沒有變成死人之前下手。而高陽公主雖然把這一切想得通透，可是太宗皇帝把她嫁給房遺愛，對她而言始終是極不順心的事情。高陽公主又不得不接受，所以她開始無理取鬧，搞一些小動作氣氣皇帝。當然，她還不敢直接到皇帝的面前跟他拍桌子，說一句：「老娘不爽！」

高陽公主於是踏上了她的自保之路。在這條自保之路上，她做了兩件事情：首先，搞定自己的丈夫，讓那「有武力」的丈夫聽從自己的擺布；第二，她要脅房玄齡長子，也就是房遺愛的哥哥房遺直，把本應該他繼任的散官銀青光祿大夫讓給她的丈夫。高陽公主的目標很明確，她要得到的，一是個可以撐門面的男人，二是個可以依靠的爵位。有了這兩樣，她這一輩子就算是無憂了。只要丈夫聽自己的話，不想著造反，再怎麼說，自己的哥哥也不會無緣無故拿妹夫開刀吧？而且，房家老大這個位置，只應該是她高陽的，絕對不允許房遺直來跟她爭。

房遺愛孔武有力，卻是有勇無謀，沒有了兄弟支持，在高陽公主的操作之下，也慢慢失去了其他家裡人的幫助，這樣她也就更容易操控她的男人，把他玩弄於股掌之間——此時的高陽，手上勢力還不夠強大，這個男人對她來講其實不是個男人，應該說是手中的一個工具，用來奪權的工具——當然，唐太宗的本意，也不是要她嫁給這個男人，而是嫁他的家世。

然而讓高陽公主始料未及的是，唐太宗並不同意房遺直讓出爵位的請求，於是高陽公主的計畫還沒開始就夭折了。太宗皇帝在兒子的江山與對女兒的寵愛面前，選擇了前者。他不想讓自己的繼承者多一個政治上的負擔。如若公主是個男人，太宗皇帝或許會很欣賞高陽的才華。也幸好高陽只是一介女流，奪嫡之爭才不會把她捲入，能讓她有機會為自己的生命、為了愛去放縱一回。政治上的希望被父親撲滅之後，高陽開始用另一種方式來宣洩她的不滿，她也默默在內心對這個王朝生出了怨恨。而屋漏偏逢連夜雨，這時候她又突然被人黑了一把，讓她徹底在太宗皇帝眼前失去地位。這究竟是一件什麼樣的事呢？

史書上高陽公主最讓人津津樂道的，恐怕不是她的謀反，而是她與高僧辯機的風月故事。高僧辯機，何許人也？讀者心中可能有這樣的疑問：高僧？他破戒與女人有染，還是一個有夫之婦，他算什麼高僧？他當然是高僧，而且不是一般的高，他是《大唐西域記》執筆人，亦是玄奘的高足（助手）。當然，別誤會，他不是八戒，至少長得不像八戒，若是長成八戒那樣，別說是公主了，就是一般的農婦也沒辦法看上。千百年來，因為與高陽公主鬧緋聞，辯機被罵成「淫僧」、「惡僧」，當然，也有為他才華所惋惜，覺得他因高陽這個作風放蕩的小婦人早死，實在不該。總之，與公主有染成了辯機為後人詬病的最大罪名。

據史料記載，這還要追溯至她指使房遺愛與其兄房遺直爭嗣事件。指使房遺愛奪嫡的事情，導致高陽公主在皇帝心中的地位急劇下滑，可誰曾想一波未平一波又起。

在這天，房家進了一回小偷，房家的管家查看之後發現家裡也沒丟失什麼貴重的東西。然而過沒幾天，長安城卻傳出小偷在房家偷到二少奶奶高陽公主與高僧辯機定私情的寶枕。而這樣的事情又被御史撞上，把這個小偷抓住，順藤摸瓜還把公主與「高僧」的姦情也查了出來。太宗皇帝知曉此事之後震怒，下旨賜死辯機，還殺了無辜的奴婢十餘人。《資治通鑑》記載的是，皇帝賜死辯機，又改刑罰為腰斬。他們倆的姦情好像是已成定局的事情，高陽亦被定義成為淫蕩的女子。

在《新唐書》之後，這件事被正史濃墨重彩地描寫，看起來證據確鑿。但其實矛盾重重。現在就讓我們撥開迷霧，來看看這些所謂史實中的漏洞：晉代成書的《舊唐書》並未提及此事，不僅如此，還有很多早一些的史料對此都並未有記載，反觀《新唐書》之後，這件事被人們大肆宣揚，這段史料的來源其實是可疑的——歐陽修時代，高陽公主早已化作塵土，他們編寫《新唐書》，其資料來源甚至有小說。關於事情具體經過的疑點也不少，以這小偷來說，他偷東西的時機實在有些巧，剛好可以讓高陽公主百口莫辯，一下子就在爭端之中落入下風。又比如他們的定情之物，高陽是大唐公主，而且是受皇帝寵愛的當紅公主，她完全可以送點別的什麼貴重的東西給辯機，送個枕頭跟人定情還是有些令人匪夷所思。而且憑什麼一口咬定這小偷偷的東西就是高陽公主和辯機的定情之物呢？這些都是不可忽視的疑點，在此就不一一贅述了。

然而辯機還是死了，死的時候還很年輕。他的死，是個謎題。但辯機之死，總有他的取死之道，卻不一定就是因為與高陽公主的私情。當然，這也不是說高陽公主就潔身自好，我個人也不存在為高陽公主翻案的意圖。一個人在暗地裡做什麼事情，只要不被人看到，就不會被記載下來，高陽堂堂的一個公主，做事情想要不被別人看到實在是件很容易的事，或許她真的跟僧人有私情，只是不是辯機罷了——誰又說得清呢？

只不過宰相家的奪嫡之爭，卻以一樁離奇的桃色案件告終，確實是有些蹊蹺。高陽公主為什麼要跟這個辯機通姦？是因為愛慕這位高僧的才華？還是因為高僧長得太帥了？高陽公主是真的為愛瘋狂，還是一時糊塗，還是另有他因呢？為什麼一心想要穩固自己在房家地位，想為自己丈夫撈一個爵位的高陽公主，會做出這等明目張膽而又毫不掩飾的荒唐事？

貞觀二十三年（西元六四九年），高陽心中一直恐懼的事情終於來了，李世民駕崩，她的兄弟李治登上皇帝寶座——她從皇帝喜愛的女兒，一下子變成了皇帝要小心應對的權力人物。高陽有兩個選擇，第一，放棄手中的權力，安安心心做她的貴不可言的公主；第二，把高宗李治推下皇位。

我們來看看高宗對待高陽的態度，這在史書中曾經特別提及。高宗上位之後，曾對高陽施懷柔之策——他當然還不想得罪這個手握巨大權力的公主。房家後人個個都是俊傑，在朝為官人數不少，地位顯赫，勢力龐大，家庭關係錯綜複雜，再加上過世的房玄齡在朝中舉足輕重，房家在朝廷之中的影響極大，就算他是皇帝，亦是要小心對待，拜訪高陽公主，更準確地說是在對房家施以懷柔之策。

房家算是世代忠良，新皇李治這種姿態對他們自然是非常受用的，可是依著高陽的心態，當然不希望這樣的事情發生，她要把水攪渾了，才好進行自己的計畫。所以，在永徽四年（西元六五三年），高陽公主又出招了，她再一次誣告房遺直對自己無禮，謀求罷黜房遺直的爵位，想要取而代之。然而在疼愛她的老爹那裡都沒辦成的事，怎麼可能會在把她當假想敵的高宗皇帝那裡做成呢？這一次高陽公主的對手是長孫無忌。長孫無忌可不是省油的燈，竟然根據這件事又「順藤摸瓜」，查到房遺愛參與荊王李元景謀反——這下什麼事情都不用再查了，管你房遺直、房遺愛還是高陽公主，統一概死罪。高陽公主的第二次政治演出，就以顯赫的房家倒台而告終。

關於這次謀反，其實也如辯機案一般撲朔迷離。我們可以看作它是宗室勢力與元老勢力的對抗，也可以看作是宗室勢力不滿新皇想要推舉新人，所遭遇的清洗——至少高陽公主是不滿這個新皇的。當然，關於這次的謀反事件，涉案不僅人數極多，而且有部分是勳貴，牽涉到的人物多被賜死，房家更是遭受滅頂之災。不過，有一點比較可疑，那就是這個屢次被高陽公主「欺負」的房遺直，他雖然也受到房遺愛牽連，卻只是被貶為銅陵尉，保全了全家人，並把房家遷往任上，在銅陵傳下一脈。謀反可是要滅九族的大罪，他房遺直何德何能，居然讓新皇李治放過了他？我們有理由相信，房遺直能保住性命，一定是背著高陽公主做了些見不得光的事情，而從房家最終幾乎被滅掉全族來看，房遺直只怕「功勞」不小。這其中必有重大隱情存在——只是究竟如何，我們還要等待歷史的考證。

高陽公主的數次政治動作都以失敗而告終，而她一生的敵人房遺直卻忍辱負重，最終保全他這一脈香火。對於她和房遺直來說，他們都是輸家，高陽公主輸掉了家族

和性命，而房遺直卻失去了榮華和尊崇。

　　如果歷史不以成敗論英雄的話，那麼我一定要為這位敢想敢做而且永不服輸的女人點一個讚。古代有一句話叫做「流水的朝廷鐵打的世家」，其實高陽公主的野心並不在於一個光祿大夫的爵位，她想要的是開創一個時代，一個與王朝共存，甚至比王朝更加久遠的大世家。只不過她最後卻敗在了自己的父親和哥哥手裡。至少對於高宗李治來說，高陽公主絕對是一個值得尊敬的敵人。我們完全有理由相信，與和尚偷情這個橋段，說不定是後世統治者，為了將她抹黑而假造的梗而已。只要你仔細讀一讀這段歷史，你就會知道高陽公主是個不一般的女人。

太平公主

放過那個
拚命想要成功的自己

自太平公主之後，便再也沒有女人對皇位發起過進攻，女人的皇帝夢也隨著太平公主的離世煙消雲散了。

據《全唐書．代皇太子上食表》記載，太平公主原名李令月。她乃高宗皇帝與武則天之幼女，唐中宗與唐睿宗之妹，唐玄宗李隆基之姑母。這位出身帝王家，身處大唐王朝權力中心的公主，如何寵冠六宮，如何追逐愛情，如何足智多謀，如何隻手遮天，又是如何慘澹收場，都是如此傳奇、扣人心弦，這也是許多影視劇樂此不疲讓太平公主屢屢出場的原因。

如果說太平公主的母親武則天是大唐乃至中國歷史上的第一「御姊」，恐怕除了太平公主便沒有人可望其項背。然而她也並非天生「御姊」，幼時獲得的寵愛，便決定了她「蘿莉」一般的童年。太平公主出生之前，她曾有姊姊安定思公主，然而安定思公主早夭，飽嘗喪女之痛的高宗與武則天面對靈動可愛的小女兒怎會不呵護有加，視其為掌上明珠？帝王家的寵愛與尋常百姓家自是不同，帝王家的掌上明珠勝於尋常人家孩子的百倍千倍，所以可想而知，小時候的太平只要賣賣萌就可獲寵愛無限。

然而得到多少愛，就要承擔多少責任。畢竟是一國公主，禮儀孝道都需要做足。小時候的太平常到自己的外祖母榮國夫人處玩耍。然而在小公主八歲那年，外祖母便歿了。皇帝失去了丈母娘也算是舉國上下的一件大事，禮儀孝道更要做給天下人看，但是武則天國事繁忙，總不能因為守孝而誤了國家大事吧，於是小公主就代母親盡孝。盡孝的方式是作一名女道士為外祖母祈福。然而公主出家卻未離家，而是在宮中成為一名女道士，太平的名字便是她的道號。宮中修行亦是父母對她愛重，不忍分離。如此多寵愛與呵護，童年的太平想必是個天真無邪的小蘿莉。

太平公主一生傳奇，少年時她也有過出家的經歷。經年之後，小公主已出落成亭亭玉立的少女，有父王母后的基因，想必公主自是長得美麗。由於美名遠揚，便引來吐蕃使者求婚，但公主肯定不願遠嫁，她的父皇母后亦不忍分離。只不過，當時的唐朝是世界超級大國，萬國來朝，而這樣的威儀卻不是武力征服的結果，相反靠的是文化禮儀，靠的是睦鄰友好，她的皇帝老爸總不能對吐蕃使者明說「不行，癩蝦蟆還想吃天鵝肉」吧！於是，高宗就想了一個主意，讓太平再出一次家！接下來便修建了一座「太平觀」，讓女兒成為太平觀的觀主，正式出家。

太平公主長大之後，出家人的修行再也壓抑不住濃密的少女心事。一日，太平著武官的服飾在父王母后面前起舞，二人自是為女兒的巾幗英雄氣概感到開心，然而太平卻是語出驚人道：「將這衣服賜予駙馬如何？」於是擇婿便提上日程。太平的首任駙馬名曰薛紹，影視劇裡的薛紹皆是少年英武，劍眉星目，脈脈含情，甚至還有太平為了得到薛紹，進而害死其元配的橋段。不管是否屬實，起碼我們可知薛紹乃太平的真愛。出嫁從夫，太平心滿意足為人妻，為人母。由萬千寵愛的皇家公主變成一個男人的妻子，也許對於彼時的她，一人之寵愛足矣，她也曾抱定執子之手、與子偕老的決心。

然而似乎歷史為了成就她的傳奇，就必不賜予波瀾不驚的生活。太平公主第一次婚姻結束於西元六八八年。薛顗參與了皇室李沖的謀反，作為他的弟弟，薛紹自然受到牽連，薛紹本人雖沒有參加這次謀反，但武則天卻覺得太平公主嫁錯郎了，下令將薛顗處死，薛紹杖責一百且餓死獄中。當時太平公主最小的兒子才剛滿月，事後，武則天為了安慰女兒，打破唐公主食封不過三百五十戶的慣例，將她的封戶破例加到一千二百戶。然而遭受如此打擊、痛失愛人，恐怕不是無邊的封地可以彌補，它足以使一個賢妻良母變成一個攪弄風雲、渴望掌控他人命運甚至是天下人命運的掌權者。

經此變故，太平再也不可能是那個出嫁從夫、相信愛情、相信親情的太平了，她也明白了作為大唐第一公主，她這一生是注定要跟政治掛鉤的。婚姻、愛情、親情對於太平來說都是夢幻泡影，如露亦如電，作為政治的犧牲品是她此生的宿命。然而天生倔強的太平卻不願受人擺布，她選擇了掌控！

年輕寡居絕非長久之計，武則天為她選了武承嗣作為第二任駙馬，卻被太平藉他有病回絕了。但也有人認為，武承嗣有病是假，其根由是太平公主不想嫁與此人。武承嗣其人，其實跟薛紹的死也有點關係。若薛紹的死是太平心裡難以平復的傷疤，那嫁給武承嗣豈不是要時時碰觸她心裡的痛？

雖然武則天推薦的人都被太平拒絕了，但作為一個女人尤其是大唐的公主，總不能不嫁吧？她為自己選了武攸暨，姓武姓，人品、出身在太平的內心深處也許都不重要，重要的是他聽話，易於掌控。

無論武則天如何強勢，但她畢竟是愛太平的，況且小女兒推薦這個人，確實符合她心中的底線。她知道太平一向是勇敢追求自己幸福的孩子，她也希望自己的女兒後半生可以過得幸福。於是太平公主第二次的婚姻促成了，這次她成為武家的兒媳。而武家是武則天的娘家。皇位究竟由武家繼承還是李家繼承是當時朝野上下最大的爭端。太平下嫁武家並沒有緩和李武兩家的奪嫡之爭，反而隨著武則天的年邁變得更加白熱化。而武則天本人，垂垂老矣，她似乎沒有年輕時的那般野心勃勃了，並且愈發忌憚後人對自己的評說。中國歷史上唯一的女皇帝也會忌憚後世給她安上篡位的惡名，於是她愈來愈想做回李家的媳婦，而不是武氏王朝的開創者。因此，她開始希望能還政與李家。這時的太平公主身分卻很微妙，她既是李家的女兒，又是武家的兒媳……

對於武則天來說，一方是娘家，一方是兒女，她擔心李武兩家矛盾激化，會給天下人帶來災難。於是有一天她讓相王李旦、李顯以及太平和武家兄弟向她發誓彼此之間不搞內訌。善於權謀、工於心計的女皇帝此時倒顯得有些天真了，你死我活、成王敗寇的鬥爭怎會因一個誓言而消弭呢？而此時的太平，早已不是當初簡單的嬌蠻公主，她要為自己選擇一條未來的路。

當高宗去世，暮年的武則天愈發懼怕孤獨，據說她最怕貓，尤其是黑貓，深夜常常被貓叫聲驚醒。雖然有上官婉兒的陪伴，但她畢竟是臣屬，難免誠惶誠恐、戰戰兢兢，這樣的陪伴並不能從心底打消老人的孤獨。而太平就不同了，她是武則天寵愛有加的小女兒，只不過卻嫁作人婦，自然不能時時陪伴左右。

武則天畢竟是女皇帝，排遣寂寞的方式也與常人不同。而此時經歷變故的太平，內心的小怪獸也被激發出來。她自第二次婚姻之後就變得放蕩許多，開始包養男寵。

而為了保證自己的權勢地位，並且為了不被人詬病，她就必須討好自己的母親。武則天在世時並不讓太平過問政事，於是她討好母親的手段，竟是把自己的男寵「蓮花六郎」張昌宗獻給了武則天。

這位張昌宗外號「蓮花六郎」，想必是貌美如花，郎豔獨絕，姿容儀態都深得女皇喜歡，之後張昌宗還把自己的哥哥張易之推薦給武則天。女皇被這兩兄弟哄得開心，自然是不再寂寞，後來，武則天甚至在參加群臣聚會時，都會讓他們陪伴左右，可見聖眷正濃。

太平公主和相王李旦以及李顯三兄妹，曾聯名上書表奏封二張為王，其真正原因當然不可能是李家三兄妹被二張的才華傾倒，或者是張氏兄弟的功高足以稱王，而是為了討好自己的母親。心裡盤算著說不定武則天一順心，他們當中某一個就會成為大唐的儲君。可見，張氏兄弟當時張揚到什麼程度，居然連李家三兄妹都不得不巴結他們。

故事再次回到我們的主人公太平公主身上。太平公主此時只是初涉政壇，經驗不足，並不具備自己謀畫的能力與實力，而只能做別人的隨從與參與者。這時的她也有參政的欲望，然而武則天不允許她參政，這也許是對於太平公主的另一種寵愛，她了解位於權力頂峰的鉤心鬥角與朝不保夕，以及身為女人的無奈，於是不願讓自己的女兒重蹈覆轍，只願她一世太平也未可知。此時的太平畢竟年輕，對自己母親又敬畏非常，所以自然是不敢鋒芒太露。

只是一顆不停膨脹的野心並不能收斂太久，總會有寶劍出鞘的時刻。老態龍鍾的武則天漸漸臥床，有承繼大統機會的李家後人便開始蠢蠢欲動，於是她的子女便策畫了神龍之變。成王敗寇，太平公主助兄長登上皇位，她被封為鎮國太平公主，其殊榮可見一斑。想必太平公主為策畫此次政變做出了很大貢獻。

發動政變，奪取大位，是生死攸關之事，成則九五之尊，敗則性命不保，於是知己知彼，掌握武則天的一舉一動對於她的兒子們至關重要。而這樣的情報工作李家任何人都不合適，除了武則天最寵信的小女兒太平公主。

此工作最重要的任務，就是探聽武則天的心事和傳位想法，這事兒也只有她的貼心之人才能做到，捨太平公主其誰？據史記載，晚年的武則天脾氣愈來愈差，特別是神龍之變前一陣子，她身體已經快到燈盡油枯，長期臥病在床，不願讓任何人接近。身居高位之人，最怕信錯人，就算自己的親兒子也不能時時伺候在旁。畢竟已是朝不保夕的耄耋之年，生病嚴重之際讓兒子陪在身邊，總會生出些居心叵測的猜疑，難免要想：兒子的陪護實際上是對自己至尊之位的虎視眈眈，什麼人也不召見，是她對自己最後的保護。皇家人之間的親情比普通人多了些殺戮，多了些血腥，也多了些猜忌，為了奪位，骨肉相殘更是屢見不鮮。

而這個時候，武則天唯一願意信任的人就是太平公主。太平是她最小的女兒，也是她和高宗皇帝的唯一女兒，對她的寵愛從小就比其他孩子多了幾分。而且她的兩個兒子軟弱庸碌，武則天常常是恨鐵不成鋼，也許她就想退休，但兩個兒子的資質她不放心，而女兒聰慧，深得她喜愛，這也是病榻上的武則天只放心太平陪伴左右的原因。

如此這般，太平公主充當間諜的事情就可以順利進行。想要打探老太太對於繼承人的想法就好辦多了。這期間，太平公主甚至把宮裡的宮女都安插上自己的親信，奪權，畢竟不是一朝一夕的事情。武則天的生命已快走到盡頭，而她有的是耐心和時間。況且她在宮裡還有人，而這個人卻是一直隨侍武則天的女官——上官婉兒。上官婉兒是上官儀的孫女，從小就被家人當作官婢送進宮裡，隨著上官婉兒一天天長大，武則天便把她放在身邊作貼身女官，若在現代，她就是武則天的貼身商務祕書。不僅如此，武則天還讓上官婉兒主持過十次風雅大會。可見上官婉兒深得女皇喜愛，並且十分倚重她，可就連這樣的人最後也背叛了女皇。無論是多麼強大的人，甚至是中國歷史上唯一的女皇帝，也是這般晚年淒涼，眾叛親離呀！

上官婉兒一介女流，究竟能幫太平公主什麼忙呢？

上官婉兒無依無靠，在朝廷中更沒有親人，改朝換代之時，識時務者為俊傑，於是她便投靠了太平公主。

太平公主的這些關鍵性作用使得神龍之變順利進行，且順利誅殺張氏兄弟，使得多年來武則天把控朝政的時代徹底覆滅，同時剷除一心要霸占朝廷的張氏兄弟，可謂贏得徹底，太平公主自是功不可沒。

神龍之變後，太平公主才逐漸走到幕前，積極參與政事。當時的李顯特別尊重她。凡是太平公主想要辦成的事都輕而易舉，尤其作為神龍之變助李顯復位的大功臣，她在此時走上了權力的頂峰，李顯還曾特地下詔免她對皇太子李重俊、長寧公主等人行禮。

後來，安樂公主與宋楚客合謀想要陷害太平公主，但是均告失敗。雖然陷害失敗，但他們與太平公主的對立也由此白熱化。西元七一〇年，李顯被韋后和安樂公主毒死（這是有爭議的，為李隆基派的一家之言）。國不可一日無君，必須要立一個繼承人！

於是太平公主與上官婉兒草擬遺詔立李重茂為皇帝，但是為了力求韋后和李家的平衡，還是改相王李旦為太子太師。到了七月份，太平公主策畫發動了唐隆政變，李隆基和其姑姑的兒子參加了這次誅殺韋后的行動，成功後李旦復位。

李旦也跟李顯一樣尊重這位鎮國太平公主。尊重她到什麼程度呢，每次與人商議國事的時候，都會問這件事情跟公主商量過嗎？跟三郎商量過嗎？可想而知這個時候的太平公主已將權力穩操手中。後來評說，神龍之變後的大唐政局基本上被太平公主操控，一直到她死去。

人都有一死，權傾一時的太平公主也不能例外。李旦還在位的時候，太平公主就在李隆基身邊安插很多耳目來監視他的一舉一動，還到處傳播流言蜚語中傷李隆基。之所以這麼做，是因為太平公主害怕她這位侄子，害怕李隆基太過果敢強勢而威脅到她的地位。太平公主是何許人也？她可是武則天的女兒，身上流淌著武則天的血液，稟承著武則天的性子。武則天不甘心居於人下，她也是如此。既然這個侄子不聽話，她就想改立一個聽命於她的太子。然而她沒料到大臣們對此事竟是一致反對，畢竟太子是政變之功臣，且太子資質極高，江山社稷也需要這樣的接班人，於是太平公主另立太子一事以失敗告終。

這番風波不可能了然無痕，李隆基不可能一點都不知道。以李隆基的機敏，不會覺察不到姑姑在自己身邊安插了耳目。只是礙於他是太平公主的親侄子，而且共歷過患難（韋后等人），再者，太平公主勢大，沒有完全把握不可貿然行動，所以，他一直選擇了隱忍。

唐玄宗的前半生是一個知人善任、英勇果敢並且才華橫溢的人，開啟了唐朝中興、開元盛世的局面。李隆基根基漸穩，而太平公主卻不知收斂，專權日甚，她甚至還派人在親侄子的食物裡投毒，投毒不成，又與其他官員商量謀害皇帝。在這次叛亂之後，李隆基終於有充分的理由與能力，除掉野心勃勃的太平公主了。

縱然太平公主多謀略，聰慧有野心，她卻不能成為第二個女皇帝，因為她的對手是強大的李隆基，這就是她的宿命。當她芳魂遠去的時候，不知道她戀戀不捨的是她的薛紹，她的愛情，還是她的皇帝夢？

自太平公主之後，便再也沒有女人對皇位發起過進攻，女人的皇帝夢也隨著太平公主的離世煙消雲散了。

安樂公主

別人怎麼對你，
是你一手教出來的

安樂公主雖然名為安樂，卻不知安而只知樂。殊不知別人怎麼對你，是你一手教出來的，你怎麼對待這個世界，世界就會怎麼對待你。

野外出生，童年貧苦。後回歸鳳鸞樓閣，雖為女兒之身，卻心計天下，傾心於權力，並曾叱吒朝堂，一時間勢力影響深遠。心裡想著有一天也要像她奶奶一樣，成為九五至尊，她就是武則天的孫女、唐朝第一美人——安樂公主。

對於她的出身，不知道應該算是一種幸運還是悲劇，說幸運是因為出身皇族，雖然出生時其父被貶為廬陵王，她也從小過著貧苦生活，但終究命運還是眷顧了她，讓她重新得到原本屬於自己的一切。若說悲劇則是她一出生就陷入了政治權力漩渦的中心，使得她必須不由自主學會權術的角逐，也正是因為這個原因，讓她最終難逃政治鬥爭中一貫以悲劇收場的結局。

在章懷太子李賢成了政治的犧牲品之後，庸弱無能的李顯被推到政治權力金字塔頂點。但好景不長，他在隨後的光宅元年（西元六八四年），也就是登上帝位一年不到，就被臨朝稱制的武則天推下神台，是為廬陵王。此時李顯的妃子韋香兒（也就是後來的韋皇后）恰好懷有身孕待產，就在李顯被流放的路上誕下一女，因此時極是落魄，女孩生下來甚至只能用衣服裹住，故取名叫李裹兒。

中宗被貶起因於要鞏固自己的地位，於是想重用韋香兒親戚為宰相，而這樣明目張膽地發展政治勢力，明顯威脅到身為皇太后的武則天，所以遭到貶黜。故此次被貶，實同軟禁監視。中宗先後被軟禁於均州（今湖北省均縣）、房州（今湖北省房縣）十四年，只有妃子韋香兒陪伴，兩人相依為命，嚐盡了人世艱難。每當聽說武則天派使臣前來，中宗就嚇得想自殺。韋香兒總是安慰他說：「禍福無常，也不一定就是賜死，何必如此驚恐。」韋香兒的鼓勵、幫助、勸慰，才使他在逆境中堅持活了下來。因此，中宗和韋香兒作為患難夫妻，感情十分深厚。他曾對韋香兒發誓：「有朝一日我能重登皇位，一定滿足你的任何願望。」李裹兒也就這樣，從小跟隨父親過著擔驚受怕的日子，李顯深感自己虧欠於她。而李裹兒童年的天真無邪卻是支撐父親的重要精神力量。

約在李裹兒十二、三歲之前，她的命運是被決定的——出身貧寒，過著庶人生活，甚至所謂的夢想都不能有。但她自幼便超乎常人聰明，生得極其美麗，《新唐書》稱：「光豔動天下，侯王柄臣多出其門。」如果廬陵王一如既往地走向權力邊緣，那麼這個所謂「大唐第一美女」李裹兒的前景即使不像潘金蓮般戲劇，怕至少也難以在短時間內光耀門廳，變為金枝玉葉。然而，命運有時也憐香惜玉，在李顯被貶十二年後，武則天於聖曆二年（西元六九九年）將他召回，他到達東都洛陽，又重新被立為皇太子。

李裹兒一下子成了皇太子的女兒，這一角色的轉變對李裹兒來說是脫胎換骨般的蛻變，從此以後，她漸漸過上原本就該屬於自己的生活，並有了自己的想法，大膽夢想著未來。

也許得益於廬陵時期生活環境的磨礪與考驗，李裹兒跟隨父親學了許多本事，能夠吃得了苦。可是她當時畢竟還是一個小孩子，此刻突然回到東都洛陽，見到了大場面，又見到眾多堂兄弟姊妹，眼看他們的榮寵，深感既然這些人能夠鋪張浪費，為什麼只有自己一個人要跟著父母受苦——好在此時她的父親已經成為皇太子，那些堂兄弟姊妹從此沒有一個地位及得上她了。這讓她心裡得到了些許安慰。另外，這個安嫻可愛的小姑娘，由於十分聰明伶俐，馬上得到武則天的寵愛，於是被提前封為「安樂公主」。這讓她又一次覺得自己與別人不一樣。從此她不再是李裹兒，而是堂堂大唐帝國的公主，雖然父親還只是一名太子，但是她已經超前一步，在父親的跟前成了公主。也再一次使她與那些堂兄弟姊妹比起來，更加高高在上，無人能及了。雖然，武則天最為寵愛的幾位孫子孫女中，除了安樂公主外，還有她另一個堂兄弟——李隆基。

李隆基七歲那年，一次在朝堂舉行祭祀儀式，當時的金吾將軍（掌管京城守衛的將軍）武懿宗大聲訓斥侍從護衛，李隆基馬上怒目而視，喝道：「這裡是我李家的朝堂，干你何事?!竟敢如此訓斥我家騎士護衛！」弄得武懿宗看著這個小孩兒目瞪口呆。武則天得知後，不但沒有責怪李隆基，反而對這個年小志高的小孫子倍加喜歡。到了第二年，李隆基就被封為臨淄郡王。不過安樂公主卻沒把李隆基放在眼裡。

也許是因為還帶著流放生涯所造成的自卑，安樂公主還是會怕別人看不起自己。我們都知道，自卑者往往過激一些，或者說自尊心更強於一般的人。我們以一個貧窮者突然得到大筆橫財為例，自卑者表現自己的方法，大略有以下幾種：原來拮据的人，即使本性鋪張浪費；有時候也會仍然保持一成不變，表示自己本性如此，換取他人的重視；有的人則是與自己新進階的群體打成一片，甚至變本加厲，還想要在氣勢上壓倒他們。

這時候的安樂公主才十幾歲，最多不過十五，可是已經到了古代嫁人的年齡。正好，武三思有一子，長得挺帥，只是做事實在荒唐。此人比安樂公主大上一歲，卻已經是「男兒本色」，他經常在宮裡做些風流事情，與許多宮女有染。而後，也不知道是確有其事還是被人陷害，竟然被外面傳言，說他與自己的祖姑母有染。

這事兒被武則天聽到，覺得這小子做事情實在沒度，太過不堪，而此時正好有個安樂公主與他挺適合（年齡），安樂公主與武崇訓便順理成章地成了一對兒。這下，外面的流言漸漸平息下來。安樂公主出嫁那天，朝中很多重量級大臣都來賀喜。可是後來人們才知道，那安樂公主其實也不是個省油的燈，她早就與武崇訓暗通款曲，婚後不到六月就有了一個男嬰。

西元七〇五年，神龍之變爆發了，張柬之趁武則天病中，聯合右羽林衛大將軍和左威衛將軍發動兵變，與桓彥範、敬暉、太子李顯等一起斬關而入，來到了武則天的寢宮，殺死張易之、張昌宗兄弟，逼武則天讓位，擁立李顯。武則天無奈，於次日傳位於李顯。隔了一天，李顯重新登上皇位，位及九五。當上皇帝後的李顯要做的第一件事情，就是兌現被貶房陵時，對妻子韋香兒和女兒李裹兒許下的諾言——有朝一日我能重登皇位，一定滿足你的所有願望。

從此，安樂公主成了真正意義上的公主，變身金枝玉葉，再加上李顯的極端寵溺與庇護，她想要什麼就能得到什麼，只要不是傷天害理、大逆不道的要求，父親都能夠滿足她的願望。漸漸地，安樂公主變得窮奢極欲。

她的丈夫武崇訓有一個兄弟叫做武延秀，長得極其俊秀，而且他在突厥國數年，精通很多中原沒有的事物，加上年輕英俊，正是女子所喜愛的對象。他經常會到武崇訓家裡來做客閒談。武崇訓與武延秀閒談時安樂公主並不避嫌，常常幫忙沏茶倒水。其實，見到武延秀第一眼，安樂公主便對他一見鍾情了。礙於自己已經是為人妻母，因而稍有遲疑。但武延秀也早就聽說安樂公主的花容月貌。見到安樂公主，果然不愧為「大唐第一美人」，若得此女，夫復何求？於是便趁武崇訓不注意，暗地裡和安樂公主眉來眼去。安樂公主想要得到的男人，怎樣都會得到。最後，終於與武延秀擦槍走火、暗通款曲。而這一切，武崇訓卻不為所知。

長寧公主，也就是安樂公主的一個姊妹，此時同樣窮極奢侈，在京都大興土木，廣建宅第，極盡奢侈之能事。她們的膽子倒也真大，居然對皇帝視而不見，建造起來的建築，不僅規模極大，而且在細微處的精緻、奇巧程度甚至超越了皇宮——超越皇宮，真要被追究起來，那可是死罪。可是安樂公主等人不怕，攀比起來沒完沒了，耗費人力、物力無數。

安樂公主是從房陵走出來的，她深知自己父親的脾氣，只要不是太過分，皇帝不會追究。皇帝不僅不制止她與其他公主的攀比，甚至對她縱容到賜她一座宅院，修繕的時候竟然連國庫都因此而空虛。《太平廣記》記述：「唐景龍年，安樂公主於洛州道光坊造安樂寺，用錢數百萬。童謠曰：『可憐安樂寺，了了樹頭懸。』」

後來，安樂公主向皇帝索要心中記掛已久的昆明池（地處長安），這次才被唐中宗拒絕。理由是昆明池從來不曾被賞給誰過，他不想違背祖宗的意願，並告訴安樂公主那池子裡的魚每年能賣很多錢，需用來給後宮裡的妃嬪使用，安樂公主這才絕了想要昆明池的念頭。

安樂公主雖然對昆明池絕了念頭，但心裡卻是十分不好受，她這是第一次被當上皇帝的老爹給削了面子，於是她想了個主意——這昆明池不能動，那我可以自己建一個呀，這樣你總不能再說什麼了吧？她想到就做，強搶農民耕作的田地，然後在其間開了一個大坑，再修築起來，接著注滿了水，命名為「定昆池」，想著來日要超過那被皇帝當作寶貝的昆明池。

安樂公主驕奢，從昆明池一事天下皆知，可是她還不知收斂，竟然召集天下能工巧匠，在洛陽附近的寺廟之中，建造起一座百寶香爐，花費極巨，差不多掏空了府裡的積蓄。還有，傳說她擁有兩件百鳥裙，又得益州進獻單絲碧羅籠裙，都是曠世奇珍，價值連城。《新唐書．五行志》裡說：「日中影中，各為一色，百鳥之狀，並見裙中」；《朝野僉載》曾說，安樂公主造百鳥毛裙以後，百官、百姓之家效之，「山林奇禽異獸，搜山蕩穀，掃地無遺」。

李顯當上了皇帝，韋氏也因過往功勳被封為皇后，他們一家三人，已經站在權力的巔峰，無人能及。可也就在這個時候，有一件事情著實讓韋香兒放心不下——皇帝的繼承人問題。韋香兒雖已經貴為皇后，可是現在的太子李重俊卻並不是自己親生，她對他極其討厭。再加上安樂公主野心極大，她有感於女皇武則天的事例，竟然上疏請皇帝封她自己為「皇太女」，妄圖成為第二個女皇。不過，這事情的結果我們都已經知道，她當然沒有成功——眾人才送走一個武則天，再來一個女皇，那可不得了。

然而安樂公主可不這麼想，自己的奶奶武則天能夠成為皇帝，為什麼自己就不行？而要成為女皇，便要先成為「皇太女」。要成為「皇太女」，現在的障礙首先便是太子李重俊。安樂公主捉摸出母親對太子的嫉恨，還挺有「孝心」的經常欺侮太子。她們勢力龐大，太子無奈，只有一次次的隱忍。後來，李重俊覺得自己勢力積累得差不多，又聽說安樂公主要在皇帝面前請願廢了自己，一時間惡向膽邊生，於神龍三年（西元七〇七年），領羽林軍屠了武氏父子兩人——安樂公主也因此成了寡婦。

不過太子此舉並沒有威脅到安樂公主，反而幫了她母女倆一個大忙。一方面安樂公主可以順理成章殺掉李重俊；另一方面，自己的真愛是武延秀，武崇訓被殺，安樂公主非但不傷心，反而感到驚喜，因為她從此與那英俊多才的武延秀之間再沒有了障礙。後來兩人出雙入對，如夫婦一般，皇帝見了雖然皺眉，但由於寵愛這個出生有些困苦的女兒，便索性將他二人配成一對兒。哪知這一下惹出火來，韋皇后見到第二個女婿，被他的英俊所動，下令讓武延秀侍寢，母女共侍一夫，淫亂不堪。

安樂公主的「皇太女」夢想在父親這裡碰壁後，她開始把目光轉向了母親，因為雖然唐中宗被戴綠帽子，私下裡多少有些惱火，但還是因為感激夫人幫助自己度過難關，也就不在她面前表現出來。另外，此時唐中宗突然得了一場重病，身體狀況愈來愈差，韋后便開始向自己的婆婆學習，當唐中宗早朝，她也要搬個小凳子坐在一邊，很是有幾分威勢。一些實際的權力已經慢慢向韋后轉移，所以安樂公主便向母親表明自己的心跡。其想當「皇太女」的心理多半也得到韋皇后的讚賞，然後她就搭上母親這條大船。母女二人從此不顧李顯舊日恩情，毅然決然開始籌畫奪權。

值得讓她母女倆高興的是，中宗李顯因體弱多病，並沒有太多精力去評理朝政，所以幾乎把朝政都交給了韋皇后處理。因此，韋皇后開始有機會獨斷獨行，勢力一天天大了起來，氣焰極盛，無人敢惹，而軍國大事，也只有她能出聲。

安樂公主則透過很多管道來籠絡一些人為她辦事，手中權力逐漸膨脹起來，以至於後來勢傾朝野。她有著皇帝的縱容，又有其母親韋后的喜愛和幫助，不可謂不「大」。不過安樂公主雖然聰明，但當「皇太女」的理想卻很單純，以至於做起事情荒唐得沒有個底線，例如她把宰相以下的各個官職明碼標價，不管對方是誰，殺豬的還是放牛的，只要能拿得出錢來，第二天就有官做，而從她手上賣出去的官，職位極多，約莫有五六千人——這些人因為是從安樂公主手裡得來的官位，所以對她也唯命是從。

不過，大臣們剛剛經過武周的「暗黑時代」，對女子臨朝已經有了頗深的忌諱，害怕她真的像武則天一樣，所以也就有人想要防患於未然，對皇帝說起了悄悄話：「牝雞司晨，有害無利，請皇后專居中宮，勿預外事。」

終於，許州參軍燕欽融寫了奏表給皇帝，揭發安樂公主等人的行徑。不過他剛進諫，便被韋皇后差宗楚客拿住，片刻就被殺害。皇帝知道燕欽融死去，嚴查此案，被抓住的一位刺客卻說：「只知道宗大人，不知道皇帝。」這件事情被其他眼線告知宗楚客，他聽到後覺得皇帝會對自己下手，索性一不做二不休，謊告韋皇后和安樂公主，說皇帝已經信了燕欽融的話，有了除掉她們的心思。

加上韋后之前與馬秦客、楊均等人私通，擔心這次被皇帝抓出來招致殺身之禍，便想要先下手，而安樂公主也已經不把唐中宗當作自己的父親，只想著母親當了皇帝，自己就能當皇太女，兩人一拍即合，遂用餅毒死了唐中宗。

而就在這個時候，年輕時和安樂公主一起受寵於武則天的堂兄弟李隆基，隱忍多年終於出場了，他藉機發動政變，斬韋皇后與安樂公主於刀下。《太平廣記》記道：「後誅逆韋，並殺安樂，斬首懸於竿上，改為悖逆庶人。」

也許我們會說，安樂公主本來就出身顯貴，雖早年有過波折，但終究得到命運的眷顧，過上奢華糜爛的生活。年輕的安樂公主天真地認為自己的父親是天子，自己只不過將父親的天下搶過來而已，殊不知國之社稷並非一家之私產，就算九五之尊，就算權傾天下也不能做逆天而為的事情。安樂公主雖然名為安樂，卻不知安而只知樂。殊不知別人怎麼對你，是你一手教出來的，你怎麼對待這個世界，世界就會怎麼對待你。

文成公主

就算幸福只有一秒鐘，
我也會勇往直前

雖然他們在一起只有三年，但是她卻幸福了一輩子。一位年輕英武的國王，為了娶她，甘願挑起兩國交兵。在娶了她之後，這位愛她的丈夫又為她修建了一座王宮，作為給她的新婚禮物。

唐朝是一個崇尚英雄的時代，很多活在那個時代的女人，最大的願望就是嫁給一個英雄。但是如何能將一個萬人追捧的男神追到手呢？這需要靠顏值、靠家室，更加需要靠天命。與普通人相比，貴族少女似乎要更接近自己的男神，但是想要在龐大的貴族人群中脫穎而出，也絕非易事。

文成公主在少年時可能也做過這樣的夢，但是那時的她從來都沒有想過，自己能嫁給一個真正的英雄；她也從來沒有想過，一位漢家的普通公主，會成為藏人心目中神靈般的人物。

按照藏文曆文獻的記載，文成公主的出生充滿了神聖色彩。元末明初的著名西藏學者薩迦．索南堅贊所著的《王統世系明鑑》中是這樣記載的：「觀世音菩薩覺知教化雪域藏土有情眾生的時機已到，從自己身上放出四道光明。從觀音菩薩左眼射出的光明，射往漢地，漢地全境被光明遍照，長安皇宮也被光明普照。光芒聚攏，射入到唐朝王妃的腹中，過了九個月又十天，王妃生下一個妙勝公主。這位公主絕冠世間，身體青藍而紅潤，口中噴出青蓮花香氣，通曉文史，這就是後來嫁到吐蕃的文成公主……公主的出生就是伴隨著光明和神聖，她被尊為綠度母的化身。從觀音菩薩右眼射出的光明是嫁到吐蕃的尼泊爾公主尺尊，被尊為白度母化身；從觀音菩薩臉上射出的光明變為六字真言；從心間射出的光明就是大名鼎鼎的吐蕃贊普——松贊干布，文成公主的丈夫……」

文成公主真正的出身在唐朝文獻裡卻不是那麼清楚，只知道她出生於西元六二五年，於西元六八〇年去世。可以確定的是，她是唐朝皇室遠支。據相關資料顯示，她可能是江夏王李道宗的女兒，本名不詳（一說名李雁兒），遠嫁吐蕃之後，被尊稱為「甲木薩」（意為漢族來的仙女）。

李道宗從太原起義時就一直跟隨在唐高宗李淵身邊，平定天下期間功勞很大，唐朝建國之後，又率領軍隊討伐過突厥、吐谷渾等地。李道宗功勳卓著，深得李淵賞識，可說是位高權重，受封江夏王。然而，文成公主在出嫁前卻聲名不顯這就有違常理了，父親如此受尊崇，女兒卻不被待見，在盛唐時期這怎麼也說不過去，所以文成公主很可能不是李道宗的女兒。當然，這也有可能是出於某些原因被故意掩藏，至於為什麼掩藏，那就不得而知了。

唐朝人崇尚英雄，他們不僅因為自己的天可汗天下無敵，更因為他們敬重強者，不管這個人是敵人還是自己人，只要你在戰場上足夠勇敢，你就會在長安的街市留下名聲，成為長安少女心中的偶像。藏族人松贊干布就是這樣一位在長安城都聲名顯赫的英雄，他大約於隋唐交接之際嶄露頭角，是一位傑出的少年英雄，後來做了吐蕃的贊普。

《新唐書．吐蕃傳》記載：「其俗謂雄強曰贊，丈夫曰普，故號君長曰贊普。」大概就是說厲害、強就是「贊」（這倒和現在人們習慣點讚有著異曲同工之妙），而男子就叫做「普」，他們的邏輯倒也簡單，「強的男人」，就是他們的君王。

松贊干布年少時就當了部族老大，性格、謀略等皆具首領要素，更值得一提的是特別驍勇善戰。因為當老大的不一定要能打，而吐蕃這個老大，不僅能打，還打得周邊小國抬不起頭。小部落俯首稱臣，大部落也對他毫無辦法，他逐步在青藏高原建立起自己的政權，是為一大霸主，並以邏些（即拉薩）為首都。

松贊干布從一個部族老大成長起來，坐到各部落霸主位置上時，李淵早已從皇位退了下來（他總共也就當了八年皇帝，便禪位於李世民），中原已經是唐朝太宗貞觀時期。貞觀之治，使大唐空前繁榮，眾夷國俯首，均前來長安朝拜。

松贊干布素來仰慕唐朝，不僅是文化，唐朝各個方面都是吐蕃遠遠不及的，他懷著憧憬的心情，於貞觀八年（西元六三四年）首次派遣手下來到長安。唐朝雖然作為那時代的「老大哥」，卻仍稱得上是禮儀之邦。吐蕃使者來朝後，太宗也派馮德遐回訪，這就是漢藏民族互相交往的開端。而在這之後，松贊干布覺得自己摸清楚了唐朝皇帝對外族的態度，所以頻頻遣使前往長安朝貢，以示交好之意。

歷史上少數民族各國希望能與大唐聯姻，這是有原因的。唐朝不僅是中原唯一大國，而且其地域遼闊，政治、文化、經濟乃至軍事實力，在整個東方都是首屈一指，遠強於周邊各國。貞觀三年（西元六二九年），唐太宗更是出兵西域，擊破強族突厥，漠南地區從此只有一個聲音，這對西域諸國是個極大的震懾。各國看到唐朝的強大，都希望能倚靠大國之威，所以對唐朝那是高山仰止，甚至以娶到大唐公主為榮。

對於大唐鄰國來說，娶到唐朝公主雖然不能算是個夢想，卻絕對是西域諸國掌權者想要做的事情。各族的「老大」們都向唐朝請求聯姻，雖然也有被拒絕的，但成功者也有不少。與唐朝聯姻，甚至還標誌著一個政權與勢力的江湖地位。各部族與少數民族政權的統治者對此更是趨之若鶩，而吐蕃這位少年首領，對這件事情當然也不甘落後。

在聽到突厥和吐谷渾兩國都迎娶了唐朝公主之後，松贊干布的心思就動了起來，立馬派人趕往長安向大唐求親。然而這一次求親，天可汗李世民並沒有應允。松贊干布英雄年少，沒有多少年就率兵馳騁高原，統一了吐蕃諸部，在雪域高原上也是說一不二、一言九鼎的人物，這種委屈的事情他還真是頭一次遇到，心中惱火自不待言。

本來唐朝勢大，人在矮簷下，不得不低頭。事情過後，他也只能隱忍不發。然而造化弄人，誰知這時竟又發生了一件改變了吐蕃命運的事情。也正是這個意外，才讓文成公主有機會與松贊干布相遇。

松贊干布派去長安的使者求親失敗，沒有完成使命的使者們萬分沮喪，他們知道松贊干布聽到這個消息之後一定會大發雷霆，自己甚至會因此丟掉性命。萬般無奈之下，一名使者想出了禍水東流的計謀，他們把唐朝不允婚的事情推到吐谷渾的諾曷鉢身上去，說本來唐朝是應允的，但那諾曷鉢也在唐朝，並從中作梗，唐皇這才拒絕了聯姻的請求。

聽到此消息的松贊干布大怒，心裡想這個吐谷渾王是個什麼東西，他竟敢在太歲頭上動土。大唐不允婚，我胳膊擰不過大腿，就無話可說了。一個小小的吐谷渾，居然敢從中作梗，這簡直就是不把我松贊干布及吐蕃放在眼裡，根本是莫大的屈辱。滿腔怒火的松贊干布，正好找到了一個發洩目標，於是這位高原領主聯合羊同國，大舉攻打吐谷渾。吐谷渾當然不是吐蕃的對手，被松贊干布打得丟盔卸甲，損失慘重。

其實，松贊干布心中更加怨恨的是那位高高在上的天可汗，居然也不把自己當回事。自己怎麼說也是高原霸主，雖然不及你大唐富饒，可是戰陣上，我可不一定怕你。於是松贊干布打著入侵吐谷渾的幌子，在侵占吐谷渾後不久，他就揮師東進，攻党項、破白蘭，大有與長安那位天可汗一爭高下的態勢。西元六三八年，松贊干布率二十萬大軍進攻松州，也就是今四川松潘，這個地方其實已經算是大唐的地盤。松贊干布年少氣盛，公然揚言娶不到公主，便大舉入侵唐朝。

對於這支來勢洶洶的高原軍隊，一開始並沒有引起唐王朝高層統治者太多重視。大唐邊將都督韓威率部抵抗，然而韓威的軍隊卻因寡不敵眾，被吐蕃軍隊擊敗。而當地少數民族的各個部族為了避滅頂之災，不得已只能歸順吐蕃。

正當雄心勃勃的松贊干布準備在河西走廊大幹一場的時候，天可汗卻已經忍受不了這個年輕人如此胡鬧了。同年八月，太宗命吏部尚書侯君集等人率步騎兵五萬，準備分四路圍攻吐蕃軍隊，可是大唐主力還未到來，先頭部隊便以少擊多，殺得吐蕃兵士丟盔棄甲，心膽俱寒。松贊干布第一次見識大唐精銳部隊的實力，在這一刻他終於明白了自己的軍隊還不足以跟唐朝抗衡。

當初松贊干布下令出兵吐谷渾時，他手下的貴族和大臣就曾極力反對。吐蕃一些年長的大臣和貴族深知讓大唐這位天可汗震怒的後果，他們也很清楚大唐的實力與能量。一旦失控，整個吐蕃都將面臨亡國之危。即使面對八個大臣以死進諫，松贊干布仍然一意孤行。在雪域翱翔的雄鷹，一心想要試一試天空的高度。

所以，當牛進達率領唐軍先頭部隊，與吐蕃軍隊一交鋒，松贊干布就被眼前的場景震撼了。因為他發現自己的軍隊根本不是唐軍對手，整個戰場上呈現出一幅壓倒性的局勢。他自己可以指揮全軍，用人數的優勢殲滅掉眼前的唐軍。但是他知道，這個小小的勝利將會換來整個吐蕃的滅頂之災。

松贊干布倒吸一口涼氣，他揮了一揮馬鞭，掉轉馬頭，率領自己的軍隊撤回吐蕃，並立馬派遣使者向太宗皇帝謝罪。而這個高傲的年輕人，在這時候也展現出他的政治家天賦。這次出擊，他雖然看到了吐蕃與大唐的差距，但是他也在天可汗面前展示了一次自己的實力。他明白，唐朝人欣賞強者，這是最適合再次向唐朝提出和親的時機了。於是他再次向唐朝提出和親，並且派出大相祿東贊帶著豐厚的聘禮去。而文成公主的命運，也在這一刻悄然發生改變……

故事理所當然地發展到這一步，唐太宗答應了松贊干布的和親請求。首先，太宗皇帝有感於松贊干布再三求婚的盛情，他覺得這吐蕃雖然遠非大唐對手，但在西域諸國中卻是名副其實的大國。再加上，松贊干布這一次的態度，恭順虔誠，並且在政治上做出了一些讓步，此回政治聯姻，既彰顯了大唐國威，也算是真正穩固了西域各國的秩序，好處自不待言。但是，出嫁的人選定誰呢？

松贊干布雖然是小國國主，但卻還是大國吐蕃的贊普，而且在西域諸國中，也算得上首屈一指的英雄人物。李世民當然也不好直接就找個宮廷之中的侍女嫁過去，就算松贊干布沒有資格娶太宗的親生女兒，但是至少也應該有皇室血統，並且出身高貴。文成公主到底是怎麼被選為和親人選的？這在歷史角度上至今仍無定論，姑且留給文學家和藝術家去想像。

我們先不提雪域高原的自然條件如何艱苦，公主如何遠嫁他鄉孤苦伶仃。但是僅從後世史書與文化中對文成公主的讚譽和尊崇，就知道這位公主生得其所。從一個女人的角度上看，她嫁給了一個遠方的國王，這個國王不僅是一位英雄，而且還很愛她。

文成公主是皇家高貴的出身，所以從小便受到良好教育，不僅禮儀周全，還通曉經史。而且她還是一個虔誠的佛教信仰者，讀過不少佛經，甚至還觸類旁通，學習了占卜和堪輿之術。文成公主有才識，且舉止優雅端莊，嫻靜溫柔，那松贊干布久居雪域，又何曾遇上這樣卓爾不凡的漢家女子？想必於數月之後、千里之外，當松贊干布掀起公主頭上的幕離之時，一定是對這位美麗的姑娘一見傾心……

既然唐太宗答應了和親之事，剩下的事情自然就簡單得多，松贊干布也自是歡喜不已。接下來，只要等候公主入藏了。而為了籌備公主赴藏的事物，松贊干布手下大臣祿東贊等人，在唐朝都城長安，整整停留了三個多月。

民間對這一盛事，有著很有意思的傳說。相傳，祿東贊攜帶黃金五千兩以及大量珠寶，率領求婚使團，前往唐都長安請婚。不料，天竺、格薩爾、大食、霍爾的國王也派了使者求婚，他們均希望迎娶賢慧的文成公主。唐太宗決定讓婚使們比賽智慧，誰勝利了，便可把公主迎去，這便是歷史上的「六試婚使」（又稱「六難婚使」，也有「五試婚使」之說，拉薩大昭寺和布達拉宮內至今完好地保存著描繪這一故事的壁畫）。這六道試題是：

第一試：綾緞穿九曲明珠，即將一根柔軟的綾緞穿過明珠的九曲孔眼。

第二試：辨認一百匹騍馬和一百匹馬駒的母子關係。

第三試：規定百名求婚使者一日內喝完一百罈酒，吃完一百隻羊，還要把羊皮揉好。

第四試：交給使臣們松木一百段，分辨其根和梢。

第五試：夜晚出入皇宮不迷路。

第六試：將公主混雜在三百名女子中，辨認公主。

唐太宗發下話，這題目你們當中誰能搞得定，公主就是誰家的。這六道題目一出，諸國使者就傻了眼。這樣刁鑽的題目，簡直就是不想把公主外嫁了。然而那祿東贊卻不知是受了何方神靈保護，運氣是擋都擋不住，每道試題的答題過程中，祿東贊要麼是破解得遊刃有餘，要麼就是有貴人相助。總之一句話，這六道題沒有一道難住他，文成公主這才成了松贊干布的未婚妻。

唐太宗當然也信守諾言，準備讓文成公主嫁出去，但凡事總要準備一下，那祿東贊便在長安等候了起來。這期間，唐太宗覺得祿東贊的學識和智慧遠超常人，起了愛才之意，就想把他給挖過來，先是治出優厚的挖牆腳條件，然後又許諾把琅琊公主外孫女段氏嫁給他作妻子，想不到祿東贊不吃這一套，說自己在吐蕃已經娶妻，糟糠之妻不下堂之類的話，又說我們贊普還未娶妻，我這次來就是為他迎新，自己還沒有完成任務，怎麼能夠在這邊娶親呢？李世民倒也不為難他，還對他頗為讚賞，「些許」賞賜自是不在話下。當然這是一些野史傳聞，也為這一千古佳話增添了許多趣味。

入藏準備工作完成之後，文成公主就要前往吐蕃，由唐太宗指認江夏王李道宗持節前往護送——李道宗有可能是她的父親，讀者可以想像，一個女兒由父親送到當時在中原地帶的人們心中，近乎蠻荒之地的西藏，想來，兩人心裡都是不好受的。

次年（西元六四一年）一月，萬事俱備，只欠出發了，唐太宗讓人給撿挑了個吉日，浩浩蕩蕩的送親隊伍便整裝出發。因為文成公主信佛，所以送親隊伍之中還有一輛車，專門承載著一尊佛像。

吐蕃地處高原，所以行程事先便被人精密安排，甚至因為此事，還在吐谷渾邊境建立起了行館（兩個大國通婚，莫說只是在它的邊境建立行館，就算是向它討要彩禮，想必吐谷渾國主也是不能拒絕的，弱國無外交啊），因為要逐步適應高原氣候，所以他們在行進途中做了較長時間的休整。

不過想必那文成公主也是有著極好身體與心理素質的人，或許是因為李唐王室基因裡的那份野性還在吧。史料記載，當初唐朝與吐蕃的約定是由松贊干布在文成公主進入吐蕃時到河源迎接。爾後，文成公主並沒有一直沉浸在遠離家園和父母親人的憂傷之中，而是已經準備好相夫教子，並為自己未來的丈夫管理國家而思慮對策。她在唐朝就已經見識到松贊干布手下大臣祿東贊的才學，便知道此人是個了不起的人物，於是她虛心向祿東贊討教，了解了吐蕃國內的大小事務。

文成公主早就知道吐蕃雖然兵強馬壯，但是生產、生活等各方面卻還落後大唐許多，於是帶了很多物資和工匠前往——包含當時的技術工人，甚至還有儒家經典、史書、名家詩文、佛經，想要幫助吐蕃發展社會文化和經濟。吐蕃在她帶來的這些技術支援之下，各個行業也都有所發展，如種樹、醫藥、曆法、工藝技術等。西藏有民間讚美詩唱道：

尊敬的文成公主，
帶來手工藝五千種，
打開了西藏工藝
繁榮昌盛的大門。
尊敬的文成公主，
帶來畜類五千種，
給藏區乳酪的豐產，
奠定了堅實的基礎。

文成公主不僅帶到吐蕃去的東西不少，人其實也不少，因為唐太宗很重視這次聯姻，所以對她也放得很寬，允許她帶走各種物資和技術以及典籍，並且還有大量跟隨她服侍和服役的人。文成公主也想得非常周到，她怕自己在吐蕃舉目無親，滿目蠻夷而孤單，還把她的乳母一家帶走。侍女、衛士、製造日用品的工匠和廚役等自不必多說。

因此次和親不容有失，為保護文成公主安全，李道宗挑選的這一支精兵，算得上是大唐軍隊中的王牌——當然，和親的對象是吐蕃，這可能也是面對外族，而有一些面子成分存在的。這些人，恐怕就是最早大規模進入西藏高原的漢族人了。

休養生息長達月餘之久，才終於到達吐谷渾和吐蕃邊界柏海（今青海扎陵湖），吐蕃贊普松贊干布此時早已帶著禁衛軍在此等候送親隊伍的到來。當天，松贊干布便與文成公主相見，不僅對嫻靜端莊的公主表現出傾慕，也對於大唐送親人員眾多，以及他們曲折繁複的禮節感到極為新奇。

史書上記載他面對李道宗的時候，是執子婿禮。這位大唐位高權重的江夏王李道宗，即是自己的岳父，又是大唐的使臣，松贊干布非常謹慎小心地接待了自己的岳父大人，並再次為自己之前魯莽的軍事行動表示道歉。

李道宗走後，文成公主便隨著自己的夫君行走在艱險的青藏高原上。因為道路難行，松贊干布先行回程，文成公主在其後，由眾人護衛緩緩而行。在進藏途中，文成公主就在沿途為吐蕃百姓留下作物種子，並教以種植之法。

公主的和親隊伍到達邏些（即今拉薩）之後，邏些人民為她舉行了盛大儀式。對於吐蕃來說，能在貿然的軍事行動之後得以存國，並迎娶到大唐公主，這無疑是一件巨大的盛事。松贊干布在宴會上表示，自己祖上從來沒有誰能有此福分，自己能夠娶到唐朝的公主，已是莫大的榮幸。所以他要專門為公主建立一座宮殿，「以誇示子孫」──這也就是後世的布達拉宮。想必，松贊干布應該是十分愛文成公主的吧，不管是不是政治原因，一個國王為他心愛的女人建造了一座宮殿，這件事真的是十足浪漫。

從今天的角度上來看，這是一個浪漫而美麗的故事。但是在那時的唐朝，自然條件的惡劣，離鄉背井的孤單是我們怎麼也無法想像的。漢藏文獻中，都對文成公主給予了高度的評價，這絕對不僅是政治的書寫，而是文成公主個人成就的體現。

文成公主在吐蕃為松贊干布生兒育女，並幫助自己的丈夫治理國家。然而命運弄人，松贊干布與文成公主生活了三年後便逝世，但公主並沒有要求回國，而是繼續留在吐蕃。她在那裡，熱愛吐蕃人民，也得到吐蕃人民的尊重和熱愛。究竟是一種怎樣的信念支撐著文成公主，去完成政治使命，並獲得自己人生幸福的呢？

雖然他們在一起只有三年，但是她卻幸福了一輩子。一位年輕英武的國王，為了娶她，甘願挑起兩國交兵。在娶了她之後，這位愛她的丈夫又為她修建了一座王宮，作為給她的新婚禮物。

國家圖書館出版品預行編目資料

唐朝女人折騰史：不服輸、不將就、不認命，那些勇敢做自己的大唐奇女子！ / 煮酒君作.-- 初版. -- 台北市：麥田, 城邦文化出版：家庭傳媒城邦分公司發行, 2017.02
面；　公分. -- (人文；6)

ISBN 978-986-7537-96-6(平裝)

782.2241　　106001511

人文 6

唐朝女人折騰史

不服輸、不將就、不認命，那些勇敢做自己的大唐奇女子！

作　　者　煮酒君
責任編輯　張桓瑋

國際版權　吳玲緯　蔡傳宜
行　　銷　艾青荷　蘇莞婷　黃家瑜
業　　務　李再星　陳玫潾　陳美燕　枡幸君
副總編輯　林秀梅
編輯總監　劉麗真
總 經 理　陳逸瑛
發 行 人　涂玉雲

出　　版　麥田出版
104台北市中山區民生東路二段141號5樓
電話：（886）2-2500-7696　傳真：（886）2-2500-1967
發　　行　英屬蓋曼群島商家庭傳媒股份有限公司城邦分公司
104台北市中山區民生東路二段141號11樓
書虫客服服務專線：(886)2-2500-7718；2500-7719
24小時傳真服務：(886)2-2500-1990；2500-1991
服務時間：週一至週五09:30-12:00；13:30-17:00
郵撥帳號：19863813　戶名：書虫股份有限公司
讀者服務信箱E-mail：service@readingclub.com.tw
麥田部落格：http://blog.pixnet.net/ryefield
麥田出版Facebook：https://www.facebook.com/RyeField.Cite/

香港發行所　城邦（香港）出版集團有限公司
香港灣仔駱克道193號東超商業中心1樓
電話：(852)2508-6231　傳真：(852)2578-9337
E-mail：hkcite@biznetvigator.com

馬新發行所　城邦(馬新)出版集團【Cite(M) Sdn. Bhd (458372U)】
41, Jalan Radin Anum, Bandar Baru Sri Petaling,
57000 Kuala Lumpur, Malaysia.
電話：(603)9057-8822　傳真：(603)9057-6622
E-mail:cite@cite.com.my

設　　計　萬亞雰
電腦排版　宸遠彩藝有限公司
印　　刷　沐春行銷創意有限公司

初版一刷　2017年3月2日

定價／320元
ISBN：978-986-7537-96-6